한양 한국어
6-1

발간사

한국어는 전 세계 가장 아름다운 언어 중 하나이며 8천만 인구가 사용하고 있는 언어입니다. 최근 한국의 대중문화, 엔터테인먼트, TV 드라마 및 영화의 인기로 인해 제2 언어로서의 한국어 교육 수요가 급증하였습니다. 그렇지만 한국어는 외국인이 배우기에 가장 어려운 언어 중의 하나이기도 합니다. 따라서 한국어를 배우고자 하는 외국인과 재외 동포들이 좀 더 쉽게 고급 한국어를 습득할 수 있도록 하기 위해 〈한양 한국어 6〉을 발간하게 되었습니다.

〈한양 한국어 6〉은 국제 통용 한국어 표준 교육과정 6급 기준에 맞추어 학습자들이 인류 보편적인 주제에 대해 유창하고 정확하게 자신의 의사를 표현하고 격식이 요구되는 자리에서 적절하게 의사소통하는 것을 목표로 삼아 구성하였습니다. 〈한양 한국어 6〉은 총 8개의 단원으로, 한 단원은 4일에 걸쳐 학습할 수 있도록 편성하였는데 각 일차별 학습 내용은 모듈 방식을 적용하여 주제에 따라 연계되어 있으면서도 독자적인 수업 운영이 가능하도록 구성하였습니다. 제1일에는 목표 어휘와 표현을 익힌 후 단원의 대화문을 중심으로 듣기, 읽기, 말하기 활동을 종합적으로 할 수 있도록 하였습니다. 제2일에는 목표 문법을 익힌 후 다양한 구어 담화를 중심으로 듣기, 말하기 활동을 할 수 있도록 하였습니다. 제3일에는 유형별 텍스트를 중심으로 읽기, 쓰기 활동을 하고 다양한 사회문화적 현상에 대해서 토론해 볼 수 있도록 하였습니다. 제4일에는 주제별 발표 활동과 연구 보고서 작성 활동을 통해 학술적인 말하기와 글쓰기를 시행해 보도록 하였습니다. 〈한양 한국어 6〉은 학문적 말하기와 글쓰기를 체계적으로 학습할 수 있도록 하였으며, 상호문화적 학습 활동을 통해 세계 시민에게 요구되는 역량을 기를 수 있도록 하였다는 데 가장 큰 특징이 있습니다.

모국어가 아닌 언어를 배우기 위해서는 많은 시간이 걸리는데, 특히 문화권이 다른 언어를 오래 배우다 보면 문화, 예절, 생활 습관의 차이로 벽에 부딪히는 사례가 많습니다. 이에 〈한양 한국어 6〉을 집필하면서 학습자들이 한국어 및 한국 문화 그리고 한국 사회에 대해 더욱 깊이 이해하고 스며들 수 있도록 하기 위해 노력하였습니다. 앞으로 좀 더 많은 외국인과 재외 동포들이 이 교재를 통해 한국어의 아름다움을 느끼고 즐기게 되길 바랍니다.

끝으로 〈한양 한국어 6〉을 집필해 주신 김정훈 교수님, 배소영 교수님, 강현주 교수님께 감사드립니다.

2021년 11월 30일
한양대학교 국제교육원장
윤종승

일러두기

1. 〈한양 한국어 6〉 소개

　〈한양 한국어 6〉은 외국인과 재외 동포를 위한 통합 교재로 국제 통용 한국어 표준 교육과정에 기반하여 6급 학습자에게 필요한 교육내용을 담았다. 역사, 문화, 환경, 민속, 사회, 경제, 정치 등 인류 보편적인 주제에 대해 유창하고 정확하게 자신의 의사를 표현하고 격식이 요구되는 자리에서 적절하게 의사소통하는 것을 목표로 삼아 단원을 구성하였다. 〈한양 한국어 5〉의 후속 교육과정으로 학문적 말하기와 글쓰기를 체계적으로 학습할 수 있도록 하였으며, 특히 상호문화적 관점에서 한국의 사회와 문화, 한국인의 가치관과 사고방식을 이해하고 자국의 상황과 비교해 보도록 함으로써 세계 시민에게 요구되는 역량을 기를 수 있도록 하였다.

2. 교재 구성과 학습 시간

　〈한양 한국어 6〉은 총 200시간(주 5회, 총 10주)의 교육과정을 운영할 수 있도록 구성하였다. 주제별로 8개의 단원으로 구성하였는데 한 단원은 하루 4시간씩, 4일에 걸쳐 수업할 수 있도록 하였고, 1일은 운영 기관의 특성에 따라 특별활동이나 복습 등으로 유연하게 구성할 수 있도록 하였다. 각 일차별 학습 내용은 모듈 방식을 적용하여, 주제에 따라 연계되어 있으면서도 독자적인 수업 운영이 가능하도록 구성하였다. 한편 각 단원은 〈도입〉, 〈어휘와 표현〉, 〈대화문〉, 〈심화 표현〉, 〈문법과 표현〉, 〈심화 표현〉, 〈듣고 말하기〉, 〈읽고 쓰기〉, 〈주제 토론〉, 〈학술적 말하기〉, 〈학술적 글쓰기〉로 구성하였다.

　부록의 〈어휘 목록〉에는 교재에서 다룬 어휘를 정리해 목록으로 제시하였고 〈듣기 지문〉과 〈듣기 답안〉, 〈어휘 색인〉과 〈문법 색인〉을 실어 학습자가 필요한 정보를 찾기 용이하도록 하였으며 필요에 따라 보충적인 자가 학습을 할 수 있도록 하였다.

3. 단원의 세부 구성

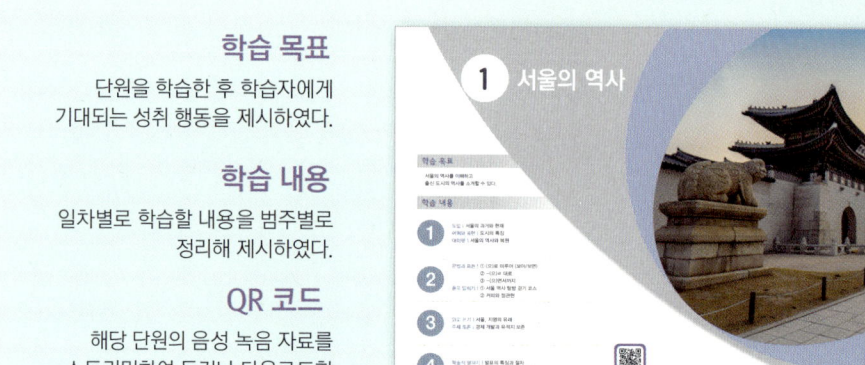

학습 목표
단원을 학습한 후 학습자에게 기대되는 성취 행동을 제시하였다.

학습 내용
일차별로 학습할 내용을 범주별로 정리해 제시하였다.

QR 코드
해당 단원의 음성 녹음 자료를 스트리밍하여 듣거나 다운로드할 수 있도록 하였다.

1일차

도입
단원 주제와 관련하여 미리 알아두어야 할 배경 지식을 확인하고 상호문화적 관점에서 해당 주제에 대해 이야기해 보도록 하였다.

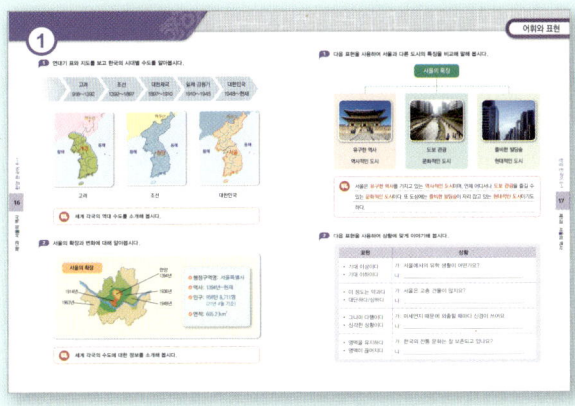

어휘와 표현

1. 단원 주제와 관련된 어휘와 표현을 사진이나 삽화와 함께 제시하고, 예시 담화를 참고하여 학습자가 배운 어휘와 표현을 직접 활용해 볼 수 있도록 하였다.

2. 대화문에서 사용된 유용한 표현들을 실제적인 담화 상황과 함께 제시하여 학습자가 상황에 맞게 활용해 볼 수 있도록 하였다.

대화문
주제와 관련된 대화를 들어본 후 내용 이해 문제 풀이, 발음과 억양 연습, 사회문화적 정보 확인을 순서대로 해 볼 수 있도록 구성하였다. 대화문 학습이 마무리된 후에는 대화문의 내용을 확장하여 상호문화적 관점에서 이야기해 볼 수 있는 화제를 제시하였다.

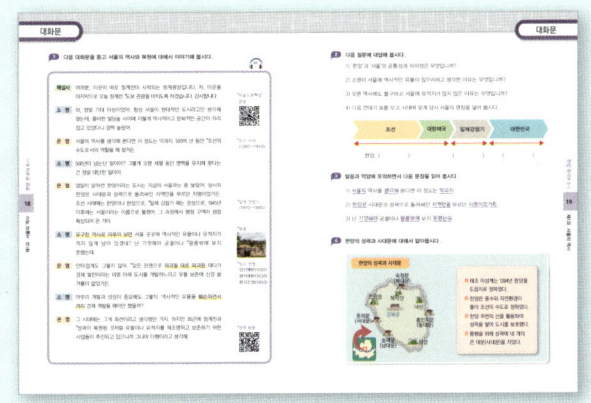

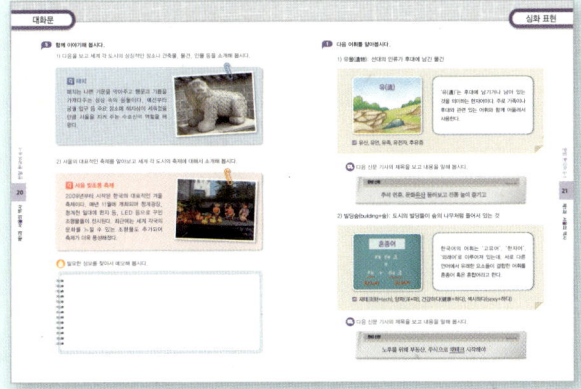

심화 표현
대화문에 포함된 한자어 중에서 사용 빈도가 높은 한자어를 선정하고 그 의미를 삽화와 함께 제시하였다. 해당 한자어가 포함된 어휘들을 추가로 제시함으로써 고급 수준에서 필요한 어휘 학습을 효율적으로 할 수 있도록 하였고 신문 기사 형태의 예시를 제시하여 학습자의 흥미와 자료의 실제성을 고려하였다. 또한 한국어 어휘의 형성 원리를 제시하여 학습자의 어휘력 향상을 꾀하였다.

2일차

문법과 표현

단원의 주제와 관련된 의사소통 기능을 구현하는 데 적합한 문법과 표현을 선정하여 제시하였다. 담화 예시 및 삽화, 의미와 용법, 문장 구성 정보, 예문 등 활용에 필요한 정보를 상세히 제시하고 통제된 연습에 이어 유의미한 연습을 해 볼 수 있도록 구성하였다.

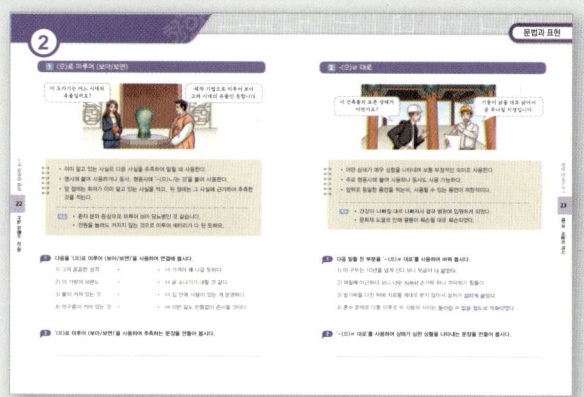

심화 표현

단원의 주제와 관련된 한자성어를 선정하고 그 의미를 삽화와 함께 제시하였다. 예문을 통해 문장 구성 방식을 이해할 수 있도록 하였고 신문 기사 형태의 예시를 추가 제시하여 학습자의 흥미와 자료의 실제성을 고려하였다.

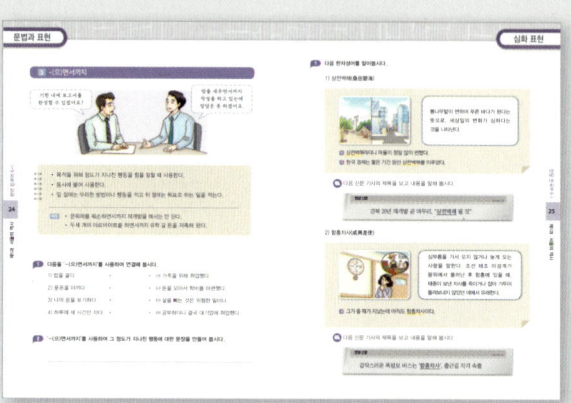

듣고 말하기

듣기 활동에서는 단원의 주제와 관련된 대화, 뉴스, 인터뷰, 대담, 다큐멘터리 등의 구어 담화를 제시하고 과정 중심의 학습을 할 수 있도록 하였다. 지문에 포함된 표현들을 '참고하기'에 제시하여 학습자 수준에 따라 적절히 활용할 수 있도록 하였다. 말하기 활동에서는 지문의 내용과 관련된 다양한 정보들을 습득할 수 있도록 하였고 이를 토대로 상호문화적 관점에서 관련 내용에 대해 이야기해 볼 수 있도록 하였다.

3일차

읽고 쓰기

읽기 활동에서는 단원의 주제와 관련된 설명문, 논설문, 기행문, 문학(시조, 소설), 기고문, 칼럼 등 유형별 텍스트를 제시하고 과정 중심의 학습을 할 수 있도록 하였다. 텍스트에 포함된 표현들을 '참고하기'에 제시하여 학습자 수준에 따라 적절히 활용할 수 있도록 하였다. 쓰기 활동에서는 다양한 유형의 텍스트 구조와 함께 유용한 표현들을 예시하여 글쓰기에 필요한 기초 지식을 쌓을 수 있도록 하였다. 또한 글쓰기의 절차를 제시하여 과정 중심의 글쓰기 수업 혹은 자가 학습이 가능하도록 하였다.

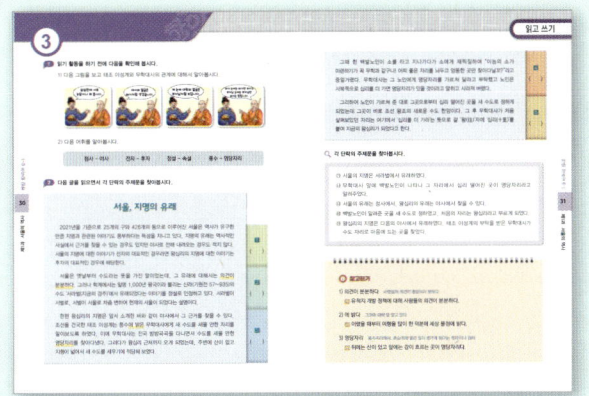

주제 토론

단원의 주제와 관련하여 논쟁이 가능한 문제를 선정하여 토론해 볼 수 있도록 하였다. 구체적인 뉴스 자료를 제시함으로써 학습자의 흥미와 실제성을 고려하였으며 상반되는 주장을 선택한 후 그 근거를 찾아보는 활동을 순차적으로 편성하고 토론에 필요한 표현들을 제시함으로써 체계적으로 토론할 수 있도록 하였다.

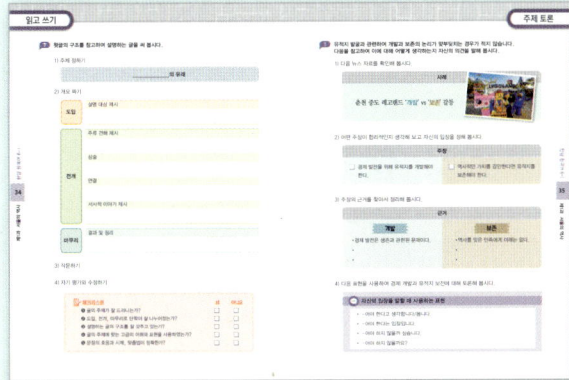

4일차

학술적 말하기

발표 내용을 구성하고, 발표에 필요한 PPT 자료를 제작하며, 일정한 절차에 따라 발표하는 데 필요한 기초 지식을 쌓고 이를 바탕으로 주제별 발표 활동을 해 볼 수 있도록 하였다. 각 단원마다 단원의 주제와 관련된 예시 발표문과 표현을 제시하여 배운 지식을 활용하는 데 용이하도록 하였다.

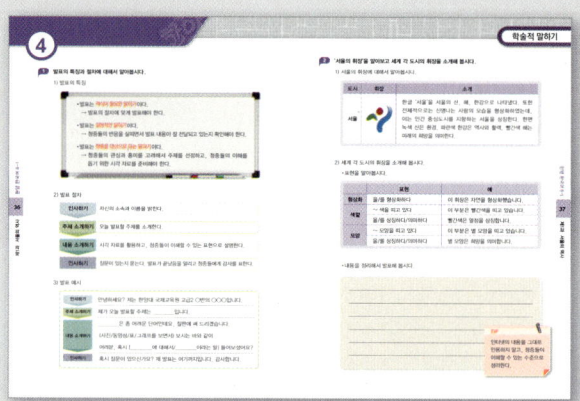

학술적 글쓰기

연구 보고서 작성에 필요한 기초 지식을 쌓고 이를 바탕으로 한 학기 동안 특정 주제를 정하여 연구 보고서를 작성해 보는 활동으로 구성하였다. 이를 통해 체계적이고 논리적으로 글을 쓰는 방법을 익혀 격식을 갖춘 학술적인 글을 쓸 수 있도록 하였다.

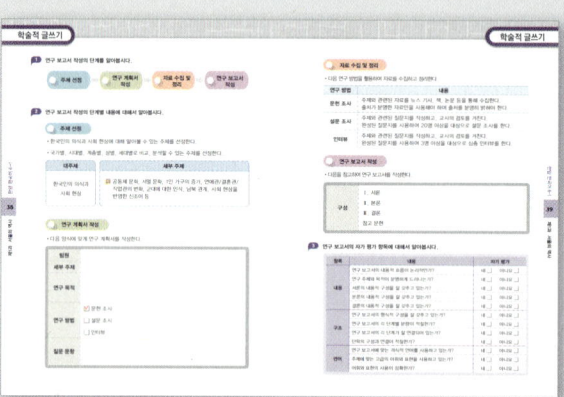

차례

발간사 / 3
일러두기 / 4
교재 구성표 / 10
등장인물 소개 / 12

01 서울의 역사 14

02 한국의 문화유산 40

03 자연과 환경 66

04 한국의 민속 92

05 가치관과 사회의 변화

06 함께 사는 사회

07 세계 경제와 무역

08 한반도의 정세

출현 어휘 목록 / 120
듣기 지문 / 128
듣기 답안 / 132
어휘 색인 / 134
문법 색인 / 140

교재 구성표

단원	제목	1			2	
		문화	어휘와 표현	대화문	문법과 표현	듣고 말하기
1과	서울의 역사	서울의 과거와 현재	① 도시의 특징 ② 유(遺), 혼종어 ③ 상전벽해, 함흥차사	서울의 역사와 복원	① -(으)로 미루어 (보아/보면) ② -(으)ㄹ 대로 ③ -(으)면서까지	① 서울 역사 탐방 걷기 코스 ② 커피와 정관헌
2과	한국의 문화유산	유네스코 세계문화유산	① 유적지 답사 ② 등(登), 접미사 '-이' ③ 명불허전, 화룡점정	한국의 세계문화유산	① -(으)려야 -(으)ㄹ 수가 없다 ② -기도 하려니와 ③ -(으)ㄴ 바에야	① 강화도 답사 ② 만화 조선왕조실록
3과	자연과 환경	자연환경과 환경 문제	① 지구 온난화의 원인과 영향 ② 가(加), -시 ③ 천재지변, 결자해지	지구 온난화 문제	① -(으)ㄴ들 ② -기로서니 ③ -자니 -자니	① 대체 에너지 ② 생수 산업의 문제
4과	한국의 민속	한국의 민간 신앙	① 사라져가는 미풍양속 ② 대(臺), 흉(凶) ③ 가화만사성, 인과응보	한국의 가택신과 풍속	① -(이)라면 ② -(으)련만 ③ -아/어서야	① 세찬의 의미 ② 봄맞이 풍속, 삼짇날
5과	가치관과 사회의 변화	저출산과 고령화 사회	① 가치관과 사회 변화 ② 격(激), 소(消) ③ 격세지감, 새옹지마	한국 사회의 변화	① -(으)려니 ② -는가 하면 ③ -는 동시에	① 20대의 가치관 ② 1인 가구의 증가
6과	함께 사는 사회	나눔과 봉사 활동의 유형과 현황	① 나눔과 봉사 활동 ② 공(公), -거리다 ③ 십시일반, 측은지심	다양한 기부 활동	① -(으)ㄴ 끝에 ② -(으)ㄹ 판이다 ③ -고도 남다	① SNS를 통한 기부 활동 ② 노숙인의 자활을 돕는 잡지
7과	세계 경제와 무역	세계 경제 동향과 무역 상품	① 국제기구와 무역 협정 ② 진(進), 접두사 '맞-' ③ 속수무책, 괄목상대	국제 무역	① -(으)면 모를까 ② -기(가) 일쑤(이)다 ③ -(ㄴ/는)다면야	① 나비효과 ② 식량 자급의 중요성
8과	한반도의 정세	남북한의 분단 체제	① 남북통일의 필요성 ② 당(當), -히 ③ 동족상잔, 오매불망	남북통일의 전망과 과제	① -(ㄴ/는)다 뿐이지 ② -는 한이 있더라도 ③ -되	① 이산가족 문제 ② 대체복무제

단원	제목	3		4	
		읽고 쓰기	주제 토론	학술적 말하기	학술적 글쓰기
1과	서울의 역사	① 서울, 지명의 유래 ② 설명하는 글 쓰기	경제 개발과 유적지 보존	발표 1 • 발표의 특징과 절차 • 주제 발표: 도시의 휘장	연구 보고서 작성 1 • 연구 보고서 작성의 단계
2과	한국의 문화유산	① 수원화성을 다녀와서 ② 기행문 쓰기	국외로 반출된 문화재 반환	발표 2 • 발표문 작성 1 • 주제 발표: 유네스코 세계문화유산	연구 보고서 작성 2 • 연구 계획서 및 개요 작성
3과	자연과 환경	① 월드컵 생태공원을 가다 ② 탐방 기사 쓰기	환경 규제와 경제 개발	발표 3 • 발표문 작성 2 • 주제 발표: 환경 정책	연구 보고서 작성 3 • 연구 방법
4과	한국의 민속	① 한국의 정형시, 시조 ② 시조 짓기	풍습의 원형 보전과 변화	발표 4 • 언어적 요소와 비언어적 요소 • 주제 발표: 민간 신앙의 상징물	연구 보고서 작성 4 • 목차 및 서론 쓰기
5과	가치관과 사회의 변화	① 밥상머리 교육을 되살리자 ② 논설문 쓰기	현재에 충실한 삶과 미래를 준비하는 삶	발표 5 • PPT 제작 1 • 주제 발표: 가치관의 변화	연구 보고서 작성 5 • 연구 대상과 연구 방법 쓰기
6과	함께 사는 사회	① 나눔 문화의 확산이 절실하다 ② 기고문 쓰기	기업의 사회 공헌 활동, 의무인가?	발표 6 • PPT 제작 2 • 주제 발표: 봉사 활동 경험	연구 보고서 작성 6 • 연구 결과 쓰기
7과	세계 경제와 무역	① 공정 무역 커피가 성공하려면 ② 칼럼 쓰기	자유 무역과 보호 무역	발표 7 • PPT 제작 3 • 주제 발표: 경제 기사	연구 보고서 작성 7 • 결론 쓰기
8과	한반도의 정세	① 하근찬, '수난이대' ② 문학 비평문 쓰기	남북통일, 적극론과 신중론	발표 8 • 발표의 평가 항목 • 주제 발표: 대북 인식	연구 보고서 작성 8 • 참고 문헌, 검토 및 자가 평가

등장인물 소개

조민수
국적: 한국
성별: 여
직업: 한국어 선생님
인물 관계: 다니엘, 왕페이, 로안, 사토, 진소명의 선생님

김지우
국적: 한국
성별: 여
직업: 회사원
인물 관계: 이서준과 대학 동기, 사토와 회사 동료

이서준
국적: 한국
성별: 남
직업: 대학생
인물 관계: 김지우와 대학 동기, 다니엘과 동아리 친구

다니엘
국적: 독일
성별: 남
직업: 교환 학생, 어학연수생
인물 관계: 이서준과 동아리 친구, 왕페이, 로안, 사토, 진소명과 같은 반 친구

1 서울의 역사

학습 목표

서울의 역사를 이해하고
출신 도시의 역사를 소개할 수 있다.

학습 내용

1
도입 | 서울의 과거와 현재
어휘와 표현 | 도시의 특징
대화문 | 서울의 역사와 복원

2
문법과 표현 | ① (으)로 미루어 (보아/보면)
　　　　　　② -(으)ㄹ 대로
　　　　　　③ -(으)면서까지
듣고 말하기 | ① 서울 역사 탐방 걷기 코스
　　　　　　② 커피와 정관헌

3
읽고 쓰기 | 서울, 지명의 유래
주제 토론 | 경제 개발과 유적지 보존

4
학술적 말하기 | 발표의 특징과 절차
학술적 글쓰기 | 연구 보고서 작성의 단계

MP3
Streaming

1

1 연대기 표와 지도를 보고 한국의 시대별 수도를 알아봅시다.

| 고려 918~1392 | 조선 1392~1897 | 대한제국 1897~1910 | 일제 강점기 1910~1945 | 대한민국 1948~현재 |

고려 / 조선 / 대한민국

> 세계 각국의 역대 수도를 소개해 봅시다.

2 서울의 확장과 변화에 대해 알아봅시다.

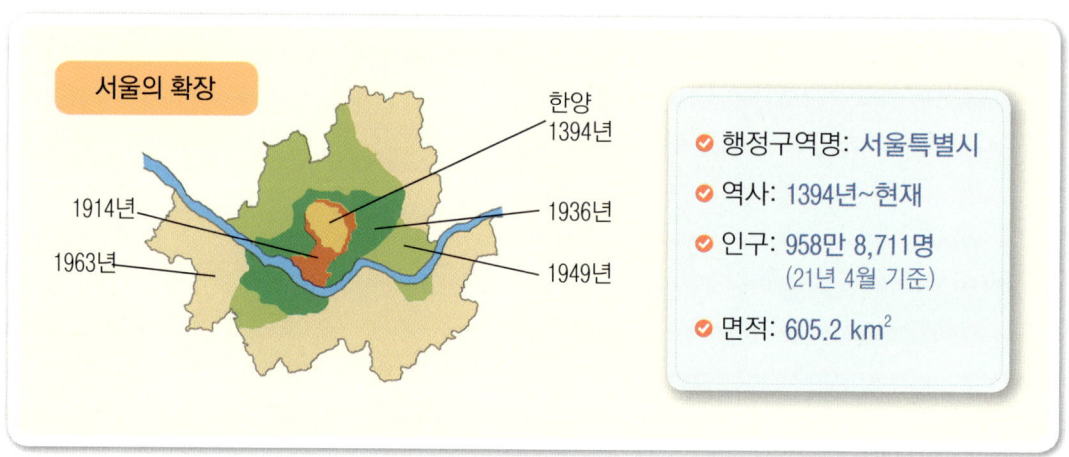

서울의 확장
- 한양 1394년
- 1914년
- 1936년
- 1963년
- 1949년

- 행정구역명: 서울특별시
- 역사: 1394년~현재
- 인구: 958만 8,711명 (21년 4월 기준)
- 면적: 605.2 km^2

> 세계 각국의 수도에 대한 정보를 소개해 봅시다.

어휘와 표현

1 다음 표현을 사용하여 서울과 다른 도시의 특징을 비교해 말해 봅시다.

서울의 특징

유구한 역사

역사적인 도시

도보 관광

문화적인 도시

즐비한 빌딩숲

현대적인 도시

 서울은 **유구한 역사**를 가지고 있는 **역사적인 도시**이며, 언제 어디서나 **도보 관광**을 즐길 수 있는 **문화적인 도시**이다. 또 도심에는 **즐비한 빌딩숲**이 자리 잡고 있는 **현대적인 도시**이기도 하다.

2 다음 표현을 사용하여 상황에 맞게 이야기해 봅시다.

표현	상황
• 기대 이상이다 • 기대 이하이다	가: 서울에서의 유학 생활이 어떤가요? 나: _____.
• 이 정도는 약과다 • 대단하다/심하다	가: 서울은 고층 건물이 많지요? 나: _____.
• 그나마 다행이다 • 심각한 상황이다	가: 미세먼지 때문에 외출할 때마다 신경이 쓰여요. 나: _____.
• 명맥을 유지하다 • 명맥이 끊어지다	가: 한국의 전통 문화는 잘 보존되고 있나요? 나: _____.

대화문

1 다음 대화문을 듣고 서울의 역사와 복원에 대해서 이야기해 봅시다.

해설사 여러분, 이곳이 바로 청계천이 시작되는 청계광장입니다. 자, 이곳을 마지막으로 오늘 청계천 *도보 관광을 마치도록 하겠습니다. 감사합니다.

소 명 와, 정말 기대 이상이었어. 항상 서울이 현대적인 도시라고만 생각해 왔는데, 즐비한 빌딩숲 사이에 이렇게 역사적이고 문화적인 공간이 자리 잡고 있었다니 깜짝 놀랐어.

은 영 서울의 역사를 생각해 본다면 이 정도는 약과지. 500여 년 동안 *조선의 수도로서의 역할을 해 왔거든.

소 명 500년이 넘는단 말이야? 그렇게 오랜 세월 동안 명맥을 유지해 왔다는 건 정말 대단한 일이야.

은 영 엄밀히 말하면 한양이라는 도시는 지금의 서울과는 좀 달랐어. 당시의 한양은 사대문과 성곽으로 둘러싸인 지역만을 부르던 지명이었거든. 조선 시대에는 한양이나 한성으로, *일제 강점기 때는 경성으로, 1945년 이후에는 서울이라는 이름으로 불렸어. 그 과정에서 행정 구역이 점점 확장되어 온 거야.

소 명 유구한 역사로 미루어 보면 서울 곳곳에 역사적인 유물이나 유적지가 적지 않게 남아 있겠네? 난 기껏해야 궁궐이나 *왕릉밖에 보지 못했는데.

은 영 안타깝게도 그렇지 않아. *잦은 전쟁으로 파괴될 대로 파괴된 데다가 경제 발전이라는 미명 아래 도시를 개발하느라고 유물 보존에 신경 쓸 겨를이 없었거든.

소 명 아무리 개발과 성장이 중요해도 그렇지. 역사적인 유물을 훼손하면서까지 경제 개발을 해야만 했을까?

은 영 그 시대에는 그게 최선이라고 생각했던 거지. 하지만 최근에 청계천과 *성곽이 복원된 것처럼 유물이나 유적지를 재조명하고 보존하기 위한 사업들이 추진되고 있으니까 그나마 다행이라고 생각해.

*서울도보해설관광

*조선 시대
(1392~1910)

*일제 강점기
(1910~1945)

*왕릉

*잦은 전쟁
임진왜란(1592)
병자왜란(1636)
한국전쟁(1950)

*성곽 복원

대화문

2 다음 질문에 대답해 봅시다.

1) '한양'과 '서울'의 공통점과 차이점은 무엇입니까?

2) 소명이 서울에 역사적인 유물이 많으리라고 생각한 이유는 무엇입니까?

3) 오랜 역사에도 불구하고 서울에 유적지가 많지 않은 이유는 무엇입니까?

4) 다음 연대기 표를 보고 시대에 맞게 당시 서울의 명칭을 넣어 봅시다.

| 조선 | 대한제국 | 일제강점기 | 대한민국 |

한양, (　　　)　　　　(　　　)　　(　　　)

3 발음과 억양에 유의하면서 다음 문장을 읽어 봅시다.

1) <u>서울의</u> 역사를 <u>생각해</u> 본다면 이 정도는 <u>약과지</u>.

2) <u>한양은</u> 사대문과 성곽으로 둘러싸인 <u>지역만을</u> 부르던 <u>지명이었거든</u>.

3) 난 <u>기껏해야</u> 궁궐이나 <u>왕릉밖에</u> 보지 <u>못했는데</u>.

4 한양의 성곽과 사대문에 대해서 알아봅시다.

- 태조 이성계는 1394년 한양을 도읍지로 정하였다.
- 한양은 풍수와 자연환경이 좋아 조선의 수도로 정하였다.
- 한양 주변의 산을 활용하여 성곽을 쌓아 도시를 보호했다.
- 통행을 위해 성곽에 네 개의 큰 대문(사대문)을 지었다.

대화문

5 함께 이야기해 봅시다.

1) 다음을 보고 세계 각 도시의 상징적인 장소나 건축물, 물건, 인물 등을 소개해 봅시다.

🔍 해치

해치는 나쁜 기운을 막아주고 행운과 기쁨을 가져다주는 상상 속의 동물이다. 예전부터 궁궐 입구 등 주요 장소에 해치상이 세워졌을 만큼 서울을 지켜 주는 수호신의 역할을 해 왔다.

2) 서울의 대표적인 축제를 알아보고 세계 각 도시의 축제에 대해서 소개해 봅시다.

🔍 서울 빛초롱 축제

2009년부터 시작된 한국의 대표적인 겨울 축제이다. 매년 11월에 개최되며 청계광장, 청계천 일대에 한지 등, LED 등으로 꾸민 조형물들이 전시된다. 최근에는 세계 각국의 문화를 느낄 수 있는 조형물도 추가되어 축제가 더욱 풍성해졌다.

🏛 필요한 정보를 찾아서 메모해 봅시다.

심화 표현

1 다음 어휘를 알아봅시다.

1) 유물(遺物): 선대의 인류가 후대에 남긴 물건

'유(遺)'는 후대에 남기거나 남아 있는 것을 의미하는 한자어이다. 주로 가족이나 후대와 관련 있는 어휘와 함께 어울려서 사용한다.

예 유산, 유언, 유족, 유전자, 후유증

다음 신문 기사의 제목을 보고 내용을 말해 봅시다.

한양 신문   20XX.XX.XX

추석 연휴, 문화유산 둘러보고 전통 놀이 즐기고

2) 빌딩숲(building+숲): 도시의 빌딩들이 숲의 나무처럼 들어서 있는 것

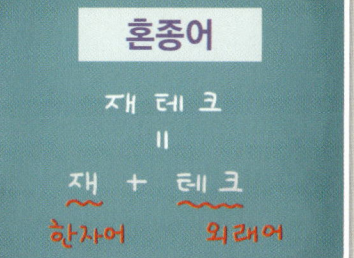

한국어의 어휘는 '고유어', '한자어', '외래어'로 이루어져 있는데, 서로 다른 언어에서 유래한 요소들이 결합한 어휘를 혼종어 혹은 혼합어라고 한다.

예 재테크(財+tech), 양파(洋+파), 건강하다(健康+하다), 섹시하다(sexy+하다)

다음 신문 기사의 제목을 보고 내용을 말해 봅시다.

한양 신문   20XX.XX.XX

노후를 위해 부동산, 주식으로 재테크 시작해야

2

1 (으)로 미루어 (보아/보면)

- 이미 알고 있는 사실로 다른 사실을 추측하여 말할 때 사용한다.
- 명사에 붙여 사용하거나 동사, 형용사에 '-(으)ㄴ/는 것'을 붙여 사용한다.
- 앞 절에는 화자가 이미 알고 있는 사실을 적고, 뒤 절에는 그 사실에 근거하여 추측한 것을 적는다.

예문
- 환자 분의 증상으로 미루어 보아 당뇨병인 것 같습니다.
- 전원을 눌러도 켜지지 않는 것으로 미루어 배터리가 다 된 듯해요.

1 다음을 '(으)로 미루어 (보아/보면)'을 사용하여 연결해 봅시다.

1) 그의 꼼꼼한 성격 •   • ㈎ 가격이 꽤 나갈 듯하다.
2) 이 가방의 브랜드 •   • ㈏ 곧 소나기가 내릴 것 같다.
3) 불이 켜져 있는 것 •   • ㈐ 집 안에 사람이 있는 게 분명하다.
4) 먹구름이 끼어 있는 것 •   • ㈑ 이번 일도 빈틈없이 준비할 것이다.

2 '(으)로 미루어 (보아/보면)'을 사용하여 추측하는 문장을 만들어 봅시다.

2 -(으)ㄹ 대로

- 어떤 상태가 매우 심함을 나타내며 보통 부정적인 의미로 사용한다.
- 주로 형용사에 붙여 사용하나 동사도 사용 가능하다.
- 앞뒤로 동일한 용언을 적는데, 사용할 수 있는 용언이 제한적이다.

예문
- 건강이 나빠질 대로 나빠져서 결국 병원에 입원하게 되었다.
- 문화재 도굴로 인해 왕릉이 훼손될 대로 훼손되었다.

1 다음 밑줄 친 부분을 '-(으)ㄹ 대로'를 사용하여 바꿔 봅시다.

1) 이 구두는 10년을 넘게 신다 보니 뒷굽이 **다 닳았다**.

2) 며칠째 야근하다 보니 **너무 지쳐서** 손가락 하나 까닥하기 힘들다.

3) 발가락을 다친 뒤에 치료를 제대로 받지 않아서 상처가 **심하게 곪았다**.

4) 혼수 문제로 다툰 이후로 두 사람의 사이는 **돌이킬 수 없을 정도로 악화되었다**.

2 '-(으)ㄹ 대로'를 사용하여 상태가 심한 상황을 나타내는 문장을 만들어 봅시다.

문법과 표현

3 -(으)면서까지

- 목적을 위해 정도가 지나친 행동을 함을 말할 때 사용한다.
- 동사에 붙여 사용한다.
- 앞 절에는 무리한 방법이나 행동을 적고 뒤 절에는 목표로 하는 일을 적는다.

예문
- 문화재를 훼손하면서까지 재개발을 해서는 안 된다.
- 두세 개의 아르바이트를 하면서까지 유학 갈 돈을 저축해 왔다.

1 다음을 '-(으)면서까지'를 사용하여 연결해 봅시다.

1) 밥을 굶다 • • (가) 가족을 위해 취업했다.

2) 푼돈을 아끼다 • • (나) 돈을 모아서 학비를 마련했다.

3) 나의 꿈을 포기하다 • • (다) 살을 빼는 것은 위험한 일이다.

4) 하루에 세 시간만 자다 • • (라) 공부하더니 결국 대기업에 취업했다.

2 '-(으)면서까지'를 사용하여 그 정도가 지나친 행동에 대한 문장을 만들어 봅시다.

심화 표현

1 다음 한자성어를 알아봅시다.

1) 상전벽해(桑田碧海)

뽕나무밭이 변하여 푸른 바다가 된다는 뜻으로, 세상일의 변화가 심하다는 것을 나타낸다.

예) 상전벽해라더니 마을이 정말 많이 변했다.
예) 한국 경제는 짧은 기간 동안 상전벽해를 이루었다.

다음 신문 기사의 제목을 보고 내용을 말해 봅시다.

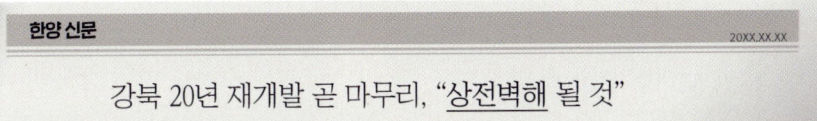

한양 신문   20XX.XX.XX
강북 20년 재개발 곧 마무리, "상전벽해 될 것"

2) 함흥차사(咸興差使)

심부름을 가서 오지 않거나 늦게 오는 사람을 말한다. 조선 태조 이성계가 왕위에서 물러난 후 함흥에 있을 때, 태종이 보낸 차사를 죽이거나 잡아 가두어 돌려보내지 않았던 데에서 유래한다.

예) 그가 올 때가 지났는데 아직도 함흥차사이다.

다음 신문 기사의 제목을 보고 내용을 말해 봅시다.

한양 신문   20XX.XX.XX
갑작스러운 폭설로 버스는 '함흥차사', 출근길 지각 속출

듣고 말하기 1

1 듣기 활동을 하기 전에 함께 이야기해 봅시다.

1) 서울에서 걷기 좋은 길을 소개해 봅시다.

> 쇼핑을 즐길 수 있는 곳   자연을 즐길 수 있는 곳   운동 삼아 걷기 좋은 곳

2) 다음 산책길을 알아보고 가 보고 싶은 곳을 말해 봅시다.

제주도 올레길

지리산 둘레길

동해 해파랑길

부산 갈맷길

2 내용을 듣고 문제를 풀어 봅시다.

1) 도시인의 걷기 운동에 대한 설명으로 맞으면 O, 틀리면 X 하십시오.

① 도시 인근의 산이나 들을 찾아 걷는 것이 좋다. (　　)
② 언제든지 시간에 쫓기지 않고 손쉽게 즐길 수 있다. (　　)
③ 시작하기에 앞서 운동 방법을 익힌 후에 하는 것이 좋다. (　　)
④ 여러 가지 성인병 예방에 효과적이어서 건강에 도움이 된다. (　　)

2) 서울 역사 탐방 걷기 코스와 관계있는 것을 골라 ✓ 하십시오.

☐ 자연환경　　☐ 유적지 일대
☐ 전문 해설사　　☐ 자유 여행
☐ 건강과 재미　　☐ 건강과 지식

3) 무엇에 대한 소개입니까?

① 걷기 운동의 효과　　② 새로운 걷기 운동 코스
③ 다양한 걷기 운동 방법　　④ 걷기 운동의 장점과 단점

듣고 말하기 1

3 듣기 활동이 끝난 후에, 다음을 참고하여 자신의 생각을 말해 봅시다.

> 서울 역사 탐방 걷기 코스는 _____다는 점에서 기존의 걷기 코스와 차이가 있다.

4 서울의 산책길 명소를 알아보고, 세계 각 도시의 산책길을 소개해 봅시다.

🔍 **서울로 7017**
1970년대 산업화 시대의 상징이었던 고가 도로가 노후되어 안전성 문제가 발생하자 이를 보수하여 2017년에 도보로 다닐 수 있는 산책 길로 탈바꿈시켰다.

🔍 **세종대로 사람숲길**
도심의 세종대로 사거리에서 숭례문을 거쳐 서울역까지 이어지는 산책길로 관광, 쇼핑, 먹거리 상권과 연결되어 있다.

출처: 서울시

ⓘ 참고하기

1) **시간에 구애받지 않고**
    어떠한 것 때문에 방해받지 않는다
    예) 맨손 체조는 장소에 구애받지 않고 할 수 있는 운동이다.

2) **시간에 쫓기는** 도시인들에게는 **안성맞춤**이다.
    바쁘게 지내다   적당하다, 딱 맞다
    예) 아침에는 시간에 쫓기다 보니 식사도 못하는 경우가 많다.
    예) 치맥이야말로 야식으로 안성맞춤이다.

3) **일석이조**의 효과
    일거양득, 꿩 먹고 알 먹기
    예) 돈도 벌고 경험도 쌓고, 그 아르바이트를 하면 일석이조인 셈이다.

듣고 말하기 2

1 듣기 활동을 하기 전에 함께 이야기해 봅시다.

1) 다음은 고종이 덕수궁에 건립한 '정관헌'이라는 건물입니다. 건물의 외관으로 미루어 보아 그 용도가 무엇이었을지 추측하여 말해 봅시다.

출처: 문화재청

2) 서로 관계가 있는 어휘들을 연결해 봅시다.

다방	애호가	연회	사신
·	·	·	·
·	·	·	·
마니아	파티	카페	외교관

2 내용을 듣고 문제를 풀어 봅시다.

1) 다방 커피에 대한 설명으로 맞으면 O, 틀리면 X 하십시오.

　① 신제품으로 출시된 커피의 상품명이다.　　　　　　　　(　　)

　② 예전에는 다방에서 팔던 커피를 의미했다.　　　　　　　(　　)

　③ 현재는 커피를 만드는 방법을 의미하기도 한다.　　　　　(　　)

　④ 개인의 취향에 따라 다양한 맛으로 즐길 수 있다.　　　　(　　)

2) 다방 커피가 인기를 끄는 데에 결정적인 역할을 한 것은 무엇입니까?

_____

3) 다음 '정관헌'에 대한 표를 완성하십시오.

건립자	건립 목적
고종	

듣고 말하기 2

3 듣기 활동이 끝난 후에, 다음을 참고하여 자신의 생각을 말해 봅시다.

> 고종이 궁궐 안에 정관헌을 지은 것을 보면 그가 _____다는 것을 짐작할 수 있다.

4 조선 시대의 궁궐에 대해서 알아보고, 세계 각 도시의 역사적인 건축물을 소개해 봅시다.

🔍 5대 궁궐 관람 정보

- **궁궐 통합 관람권**
  관람권 1매로 5대 궁궐을 모두 관람할 수 있다.

- **궁궐 무료 관람**
  전통 한복이나 생활 한복을 입으면 궁궐에 무료로 입장할 수 있다.

ⓘ 참고하기

1) 제 입맛**에는** 다방 커피**가 딱**인데.
   　　　　　　　　　　가장 적당하다
   예) 겨울밤 출출할 때에는 군고구마가 딱이다.

2) **인스턴트 커피 믹스**의 맛이 다방 커피에 가깝죠.
   뜨거운 물을 부으면 바로 먹을 수 있도록 만들어진 커피 제품

3) 다방 커피를 유행하게 만든 **일등공신**
   　　　　　　　　　　　어떤 일에 가장 큰 도움을 준 인물이나 물건
   예) 그 사람이 우리 팀 승리의 일등공신이다.

4) 그런 **내력**이 숨어 있었다니.
   　　　　일이 만들어진 과정과 까닭
   예) 그가 어떻게 재력가가 되었는지 아무도 내력을 모른다.

3

1 읽기 활동을 하기 전에 다음을 확인해 봅시다.

1) 다음 그림을 보고 태조 이성계와 무학대사의 관계에 대해서 알아봅시다.

2) 다음 어휘를 알아봅시다.

| 정사 – 야사 | 전자 – 후자 | 정설 – 속설 | 풍수 – 명당자리 |

2 다음 글을 읽으면서 각 단락의 주제문을 찾아봅시다.

서울, 지명의 유래

2021년을 기준으로 25개의 구와 426개의 동으로 이루어진 서울은 역사가 유구한 만큼 지명과 관련된 이야기도 풍부하다는 특성을 지니고 있다. 지명의 유래는 역사적인 사실에서 근거를 찾을 수 있는 경우도 있지만 야사로 전해 내려오는 경우도 적지 않다. 서울의 지명에 대한 이야기가 전자의 대표적인 경우라면 왕십리의 지명에 대한 이야기는 후자의 대표적인 경우에 해당한다.

1 ( )

서울은 옛날부터 수도라는 뜻을 가진 말이었는데, 그 유래에 대해서는 의견이 분분하다. 그러나 학계에서는 일명 1,000년 왕국이라 불리는 신라(기원전 57~935)의 수도 '서라벌(지금의 경주)'에서 유래되었다는 이야기를 정설로 인정하고 있다. 서라벌이 서벌로, 서벌이 서울로 차츰 변하여 현재의 서울이 되었다는 설명이다.

2 ( )

한편 왕십리의 지명은 앞서 소개한 바와 같이 야사에서 그 근거를 찾을 수 있다. 조선을 건국한 태조 이성계는 풍수에 밝은 무학대사에게 새 수도를 세울 만한 자리를 알아보도록 하였다. 이에 무학대사는 전국 방방곡곡을 다니면서 수도를 세울 만한 명당자리를 찾아다녔다. 그러다가 왕십리 근처까지 오게 되었는데, 주변에 산이 없고 지형이 넓어서 새 수도를 세우기에 적당해 보였다.

3 ( )

읽고 쓰기

　그때 한 백발노인이 소를 타고 지나가다가 소에게 채찍질하며 "이놈의 소가 미련하기가 꼭 무학과 같구나! 어찌 좋은 자리를 놔두고 엉뚱한 곳만 찾아다닐꼬?"라고 중얼거렸다. 무학대사는 그 노인에게 명당자리를 가르쳐 달라고 부탁했고 노인은 서북쪽으로 십리를 더 가면 명당자리가 있을 것이라고 말하고 사라져 버렸다.

4 ( )

　그리하여 노인이 가르쳐 준 대로 그곳으로부터 십리 떨어진 곳을 새 수도로 정하게 되었는데 그곳이 바로 조선 왕조의 새로운 수도 한양이다. 그 후 무학대사가 처음 살펴보았던 자리는 여기에서 '십리를 더 가라'는 뜻으로 갈 '왕(往)'자에 '십리(十里)'를 붙여 지금의 왕십리가 되었다고 한다.

5 ( )

🔍 **각 단락의 주제문을 찾아봅시다.**

㉠ 서울의 지명은 서라벌에서 유래하였다.
㉡ 무학대사 앞에 백발노인이 나타나 그 자리에서 십리 떨어진 곳이 명당자리라고 알려주었다.
㉢ 서울의 유래는 정사에서, 왕십리의 유래는 야사에서 찾을 수 있다.
㉣ 백발노인이 알려준 곳을 새 수도로 정하였고, 처음의 자리는 왕십리라고 부르게 되었다.
㉤ 왕십리의 지명은 다음의 야사에서 유래하였다. 태조 이성계의 부탁을 받은 무학대사가 수도 자리로 마음에 드는 곳을 찾았다.

ℹ️ 참고하기

1) **의견이 분분하다**　사람들의 의견이 통일되지 못하다
　예) 유적지 개발 정책에 대해 사람들의 의견이 분분하다.

2) **에 밝다**　그것에 대해 잘 알고 있다
　예) 어렸을 때부터 여행을 많이 한 덕분에 세상 물정에 밝다.

3) **명당자리**　풍수지리에서, 후손에게 좋은 일이 생기게 된다는 묏자리나 집터
　예) 뒤에는 산이 있고 앞에는 강이 흐르는 곳이 명당자리다.

읽고 쓰기

3 다음 질문에 대답해 봅시다.

1) '서울'의 지명과 '왕십리'의 지명의 유래는 어떤 점에서 차이가 있습니까?

2) 신라 수도의 이름에서 '서울'이 유래한 과정을 순서대로 제시하십시오.

   (   ) → (   ) → (서울)

3) 무학대사가 수도 자리로 왕십리가 적당하다고 생각한 이유는 무엇입니까?

4) 글의 내용으로 보아 '백발노인'의 정체는 무엇일지 추측해 봅시다.

5) '왕십리'가 지니고 있는 의미는 무엇입니까?

---

4 다음 표현으로 주제문을 연결하여 글을 요약해 봅시다.

한편	먼저	결국	그때

요약하기	

5 역사의 도시, 경주에 대해서 알아봅시다.

🔍 신라의 수도, 서라벌과 경주

992년간 신라의 수도였던 서라벌은 금성이라고도 불렸으며, 현재의 경주 지역에 해당된다. 경주는 여러 유적지들이 자리 잡고 있어 내국인들과 외국인들의 역사 탐방이 1년 내내 이루어지는 곳이다.

6 윗글의 구조를 알아봅시다.

도입	**설명 대상 제시**
	• 서울은 지명과 관련된 이야기도 풍부하다는 특성을 지니고 있다.
	• 서울이 전자의 경우라면 왕십리는 후자의 경우에 해당한다.

전개

1) 역사적 근거가 있는 경우

주류 견해 제시: '서울'의 유래
• 그 유래에 대해서는 의견이 분분하다.
• 전문가들은 서벌에서 유래되었다는 이야기를 정설로 인정하고 있다.
상술
• 즉 서라벌이 서벌로, 서벌이 서울로 변했다는 설명이다.

2) 야사로 전해 내려오는 경우

연결
• 한편 왕십리의 지명은 앞서 소개한 바와 같이 야사에서 근거를 찾을 수 있다.
서사적 이야기 제시: '왕십리'에 얽힌 야사
• 태조 이성계는 무학대사에게 수도 자리를 알아보도록 하였다.
• 이에 무학대사는 수도를 세울 만한 명당자리를 찾아다녔다.
• 그러다가 왕십리 근처까지 오게 되었다.
• 그때 백발노인이 나타나 명당자리를 알려주었다.

마무리	**결과 및 정리**
	• 그리하여 이곳을 새 수도로 정하게 되었다.
	• 그 후 이 자리는 왕십리가 되었다고 한다.

읽고 쓰기

7 윗글의 구조를 참고하여 설명하는 글을 써 봅시다.

1) 주제 정하기

_____의 유래

2) 개요 짜기

도입	설명 대상 제시
전개	주류 견해 제시
	상술
	연결
	서사적 이야기 제시
마무리	결과 및 정리

3) 작문하기

4) 자기 평가와 수정하기

체크리스트 네 아니요
① 글의 주제가 잘 드러나는가?
② 도입, 전개, 마무리로 단락이 잘 나누어졌는가?
③ 설명하는 글의 구조를 잘 갖추고 있는가?
④ 글의 주제에 맞는 고급의 어휘와 표현을 사용하였는가?
⑤ 문장의 호응과 시제, 맞춤법이 정확한가?

주제 토론

1 유적지 발굴과 관련하여 개발과 보존의 논리가 맞부딪치는 경우가 적지 않습니다. 다음을 참고하여 이에 대해 어떻게 생각하는지 자신의 의견을 말해 봅시다.

1) 다음 뉴스 자료를 확인해 봅시다.

사례

춘천 중도 레고랜드 '개발' vs '보존' 갈등

2) 어떤 주장이 합리적인지 생각해 보고 자신의 입장을 정해 봅시다.

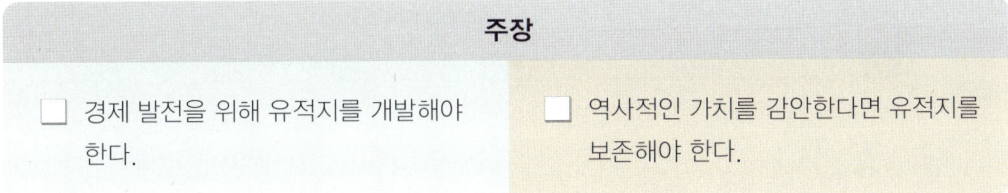

주장

☐ 경제 발전을 위해 유적지를 개발해야 한다.

☐ 역사적인 가치를 감안한다면 유적지를 보존해야 한다.

3) 주장의 근거를 찾아서 정리해 봅시다.

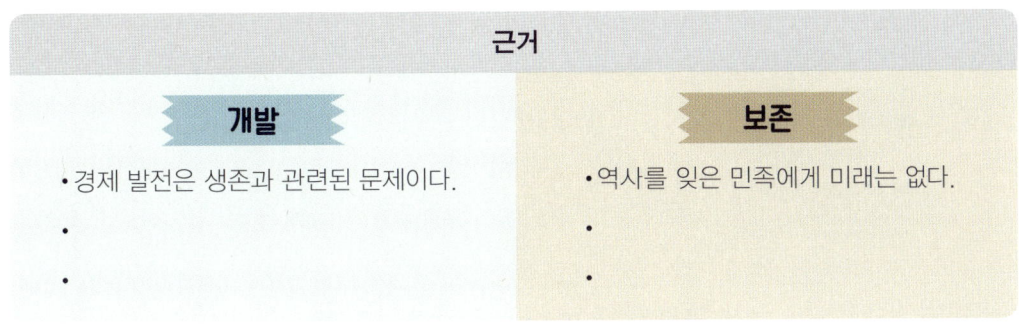

근거

개발
- 경제 발전은 생존과 관련된 문제이다.
-
-

보존
- 역사를 잊은 민족에게 미래는 없다.
-
-

4) 다음 표현을 사용하여 경제 개발과 유적지 보전에 대해 토론해 봅시다.

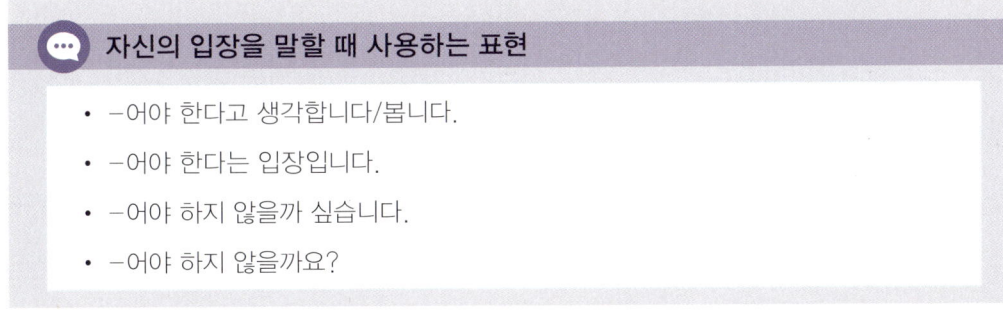

💬 자신의 입장을 말할 때 사용하는 표현

- -어야 한다고 생각합니다/봅니다.
- -어야 한다는 입장입니다.
- -어야 하지 않을까 싶습니다.
- -어야 하지 않을까요?

4

1 발표의 특징과 절차에 대해서 알아봅시다.

1) 발표의 특징

- 발표는 **격식이 필요한 말하기**이다.
  → 발표의 절차에 맞게 발표해야 한다.
- 발표는 **일방적인 말하기**이다.
  → 청중들의 반응을 살피면서 발표 내용이 잘 전달되고 있는지 확인해야 한다.
- 발표는 **청중을 대상으로 하는 말하기**이다.
  → 청중들의 관심과 흥미를 고려해서 주제를 선정하고, 청중들의 이해를 돕기 위한 시각 자료를 준비해야 한다.

2) 발표 절차

인사하기	자신의 소속과 이름을 밝힌다.
주제 소개하기	오늘 발표할 주제를 소개한다.
내용 소개하기	시각 자료를 활용하고, 청중들이 이해할 수 있는 표현으로 설명한다.
인사하기	질문이 있는지 묻는다. 발표가 끝났음을 알리고 청중들에게 감사를 표한다.

3) 발표 예시

인사하기	안녕하세요? 저는 한양대 국제교육원 고급2 ○반의 ○○○입니다.
주제 소개하기	제가 오늘 발표할 주제는 _____입니다.
내용 소개하기	_____은 좀 어려운 단어인데요, 칠판에 써 드리겠습니다. (사진/동영상/표/그래프를 보면서) 보시는 바와 같이 여러분, 혹시 [_____에 대해서/_____이라는 말] 들어보셨어요?
인사하기	혹시 질문이 있으신가요? 제 발표는 여기까지입니다. 감사합니다.

학술적 말하기

2 '서울의 휘장'을 알아보고 세계 각 도시의 휘장을 소개해 봅시다.

1) 서울의 휘장에 대해서 알아봅시다.

도시	휘장	소개
서울		한글 '서울'을 서울의 산, 해, 한강으로 나타냈다. 또한 전체적으로는 신명나는 사람의 모습을 형상화하였는데, 이는 인간 중심도시를 지향하는 서울을 상징한다. 한편 녹색 산은 환경, 파란색 한강은 역사와 활력, 빨간색 해는 미래의 희망을 의미한다.

2) 세계 각 도시의 휘장을 소개해 봅시다.

- 표현을 알아봅시다.

	표현	예
형상화	을/를 형상화하다	이 휘장은 자연을 형상화했습니다.
색깔	~ 색을 띠고 있다	이 부분은 빨간색을 띠고 있습니다.
	을/를 상징하다/의미하다	빨간색은 열정을 상징합니다.
모양	~ 모양을 띠고 있다	이 부분은 별 모양을 띠고 있습니다.
	을/를 상징하다/의미하다	별 모양은 희망을 의미합니다.

- 내용을 정리해서 발표해 봅시다.

TIP
인터넷의 내용을 그대로 인용하지 말고, 청중들이 이해할 수 있는 수준으로 정리한다.

학술적 글쓰기

1 연구 보고서 작성의 단계를 알아봅시다.

주제 선정 ➡ 연구 계획서 작성 ➡ 자료 수집 및 정리 ➡ 연구 보고서 작성

2 연구 보고서 작성의 단계별 내용에 대해서 알아봅시다.

주제 선정

- 한국인의 의식과 사회 현상에 대해 알아볼 수 있는 주제를 선정한다.
- 국가별, 시대별, 계층별, 성별, 세대별로 비교, 분석할 수 있는 주제를 선정한다.

대주제	세부 주제
한국인의 의식과 사회 현상	예) 공동체 문화, 서열 문화, 1인 가구의 증가, 연애관/결혼관/직업관의 변화, 군대에 대한 인식, 남북 관계, 사회 현상을 반영한 신조어 등

연구 계획서 작성

- 다음 양식에 맞게 연구 계획서를 작성한다.

팀원	
세부 주제	
연구 목적	
연구 방법	☑ 문헌 조사 ☐ 설문 조사 ☐ 인터뷰
질문 문항	

학술적 글쓰기

자료 수집 및 정리

- 다음 연구 방법을 활용하여 자료를 수집하고 정리한다.

연구 방법	내용
문헌 조사	주제와 관련된 자료를 뉴스 기사, 책, 논문 등을 통해 수집한다. 출처가 분명한 자료만을 사용해야 하며 출처를 분명히 밝혀야 한다.
설문 조사	주제와 관련된 질문지를 작성하고, 교사의 검토를 거친다. 완성된 질문지를 사용하여 20명 이상을 대상으로 설문 조사를 한다.
인터뷰	주제와 관련된 질문지를 작성하고, 교사의 검토를 거친다. 완성된 질문지를 사용하여 3명 이상을 대상으로 심층 인터뷰를 한다.

연구 보고서 작성

- 다음을 참고하여 연구 보고서를 작성한다.

구성	Ⅰ. 서론 Ⅱ. 본론 Ⅲ. 결론 참고 문헌

3 연구 보고서의 자가 평가 항목에 대해서 알아봅시다.

항목	내용	자가 평가
내용	연구 보고서의 내용적 흐름이 논리적인가?	네 ☐ 아니요 ☐
	연구 주제와 목적이 분명하게 드러나는가?	네 ☐ 아니요 ☐
	서론의 내용적 구성을 잘 갖추고 있는가?	네 ☐ 아니요 ☐
	본론의 내용적 구성을 잘 갖추고 있는가?	네 ☐ 아니요 ☐
	결론의 내용적 구성을 잘 갖추고 있는가?	네 ☐ 아니요 ☐
구조	연구 보고서의 형식적 구성을 잘 갖추고 있는가?	네 ☐ 아니요 ☐
	연구 보고서의 각 단계별 분량이 적절한가?	네 ☐ 아니요 ☐
	연구 보고서의 각 단계가 잘 연결되어 있는가?	네 ☐ 아니요 ☐
	단락의 구성과 연결이 적절한가?	네 ☐ 아니요 ☐
언어	연구 보고서에 맞는 격식적 언어를 사용하고 있는가?	네 ☐ 아니요 ☐
	주제에 맞는 고급의 어휘와 표현을 사용하고 있는가?	네 ☐ 아니요 ☐
	어휘와 표현의 사용이 정확한가?	네 ☐ 아니요 ☐

2 한국의 문화유산

학습 목표

한국의 문화유산을 이해하고
자국의 문화유산을 소개할 수 있다.

학습 내용

1
- 도입 | 유네스코 세계문화유산
- 어휘와 표현 | 유적지 답사
- 대화문 | 한국의 세계문화유산

2
- 문법과 표현 | ① -(으)려야 -(으)ㄹ 수가 없다
  ② -기도 하려니와
  ③ -(으)ㄴ 바에야
- 듣고 말하기 | ① 강화도 답사
  ② 만화 조선왕조실록

3
- 읽고 쓰기 | 수원화성을 다녀와서
- 주제 토론 | 국외로 반출된 문화재 반환

4
- 학술적 말하기 | 발표문 작성 1
- 학술적 글쓰기 | 연구 계획서 및 개요 작성

MP3 Streaming

1. 유네스코 세계문화유산의 종류에 대해 알아봅시다.

피라미드

세계유산
- 문화유산
- 자연유산
- 복합유산

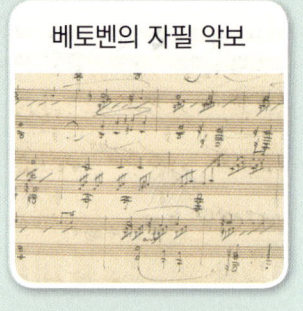

베토벤의 자필 악보

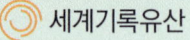

세계기록유산

경극

무형문화유산

2. 유네스코에 등재된 한국의 세계문화유산에 대해 알아봅시다.

세계유산 / 세계기록유산 / 무형문화유산

경주 석굴암

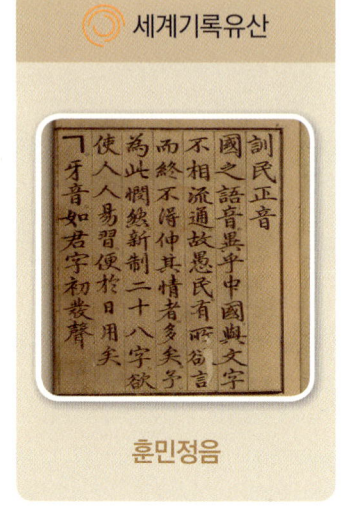

훈민정음

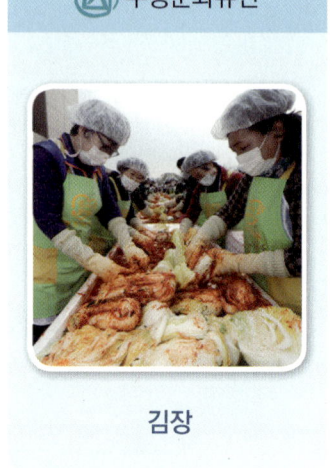

김장

 세계 각국의 대표적인 세계문화유산에는 어떤 것들이 있는지 이야기해 봅시다.

어휘와 표현

1 다음 표현을 사용하여 세계 각 도시의 답사할 만한 곳과 그 이유에 대해 이야기해 봅시다.

답사지	 안동 하회마을	 안동 병산서원	 경주 역사유적지구
이유	• 세계문화유산으로 등재되었다. • 원형 그대로 보존되어 있다. • 유적지에 얽힌 이야기가 흥미롭다.		

 안동 하회마을은 경상북도 안동시에 있는 마을로 2010년 유네스코 **세계문화유산으로 등재되었다**. 이 마을의 전통 가옥들은 **원형 그대로 보존되어 있으며** 각각의 **유적지에 얽힌 이야기도 흥미로워서** 답사하기 좋을 것이다.

2 다음 표현을 사용하여 상황에 맞게 이야기해 봅시다.

표현	상황
• 밤을 꼴딱 새우다 • 잠을 실컷 자다	가: 경주에 가서 한옥에서 잤다면서요? 어땠어요? 나: _____.
• 손에서 놓을 수가 없다 • 눈을 뗄 수 없다	가: 너 또 휴대폰으로 게임하는 거야? 나: _____.
• 웬만큼 알다 • 문외한이다	가: 한국의 역사에 대해서 잘 아세요? 나: _____.
• 아는 만큼 보이다 • 아는 것이 힘이다	가: 답사지에 대한 공부를 굉장히 많이 하네요. 나: _____.

대화문

1 다음 대화문을 듣고 한국의 세계문화유산에 대해서 이야기해 봅시다.

서 준: 로안 씨, 왜 어제 동아리 모임에 안 나왔어요? 답사 준비를 해야 한다고 얘기했는데, 혹시 잊어버렸어요?

로 안: 미안해요. 엊그제 책을 읽느라고 밤을 꼴딱 새웠거든요. 아침에서야 잠이 들어서 일어나려야 일어날 수가 없었어요.

서 준: 무슨 책이길래 그렇게 밤을 새우면서까지 읽었어요?

로 안: *〈나의 문화유산답사기〉라는 책이에요. 제가 워낙 한국의 역사와 문화에 관심이 많잖아요. 그래서 역사 동아리에도 가입한 거고요. 그런데 이 책에 한국의 여러 유적지가 구체적으로 소개되어 있어서 책을 손에서 놓을 수가 없었어요. 서준 씨도 읽어 봤어요?

*〈나의 문화유산 답사기〉

서 준: 그럼요. 아마 우리 동아리 회원 중에서 안 읽어 본 사람이 없을걸요? 유적지에 관한 소개도 소개려니와 미학적인 측면에서의 감상법과 그곳에 얽힌 이야기들도 흥미롭게 설명하고 있어서 답사의 길잡이라고도 불러요.

로 안: 경주에 대해서는 웬만큼 알고 있다고 생각했는데 막상 책을 읽어 보니 제가 모르고 있던 게 많더라고요. 그래서 다시 한번 경주에 가 보고 싶다는 생각이 들었어요.

서 준: 그럼 다음에 경주도 같이 한번 가요. 그건 그렇고 이번 답사 장소가 *안동 하회마을이니까 그 부분을 다시 한번 읽어 보세요. 이왕 가기로 한 바에야 그곳에 대해 세세히 알고 가면 훨씬 더 재미있을 거예요. 아는 만큼 보인다는 말도 있잖아요.

*안동

로 안: 아, *하회탈로 유명한 곳 말인가요? 꼭 한번 가 보고 싶었던 곳인데 잘됐네요.

*하회탈

서 준: 2010년에 세계문화유산으로 등재된 곳인데 전통 가옥들이 원형 그대로 보존되어 있기도 하고 근처에 병산서원이나 *도산서원 같은 문화 유적지가 많이 있으니까 가 볼 만할 거예요.

*도산서원

대화문

2 다음 질문에 대답해 봅시다.

1) 로안은 어떤 분야에 관심이 많습니까?

2) 로안은 어떤 이유로 이 책을 밤새도록 읽게 되었습니까?

3) 로안이 읽은 책이 '답사의 길잡이'라고 불리는 이유는 무엇입니까?

4) 서준이 답사를 가기 전에 답사 장소와 관련된 책을 읽으라고 권한 이유는 무엇입니까?

5) 동아리에서 이번에 답사로 가는 안동 하회마을은 어떤 곳입니까?

3 발음과 억양에 유의하면서 다음 문장을 읽어 봅시다.

1) **엊그제** 책을 **읽느라고** 밤을 꼴딱 **새웠거든요**.

2) 미학적인 **측면에서의** 감상법과 그곳에 **얽힌** 이야기들도 흥미롭게 설명하고 있어서

3) 웬만큼 알고 있다고 **생각했는데** 막상 책을 **읽어** 보니 모르고 있던 게 **많더라고요**.

4 경주 석굴암에 대해서 알아봅시다.

경주 석굴암

- 석굴암은 신라의 재상 김대성이 전생의 부모를 위해 지은 사찰로 종교와 과학, 그리고 예술이 하나가 되어 만들어낸 작품이라는 평가를 받는다.
- 석굴암의 덮개돌은 연꽃이 활짝 핀 모습으로 불상의 머리 위에서 조명을 비추는 것 같은 효과를 낸다. 아래에서 불상을 올려다 보면 환상적인 분위기를 느낄 수 있다.

대화문

5 함께 이야기해 봅시다.

1) 지금까지 가 봤던 한국의 문화 유적지를 아래의 답사 보고서 항목에 맞게 소개해 봅시다.

유적지 답사 보고서

답사 일시	___년 ___월 ___일	답사 장소	경복궁

	구분	예시
	목적	조선 시대 궁궐에 대해 알아보기 위해
	알게 된 점이나 느낀 점	왕의 침실인 강녕전 지붕에는 용마루가 없다.

2) 세계 각국에서 세계문화유산 등재를 추진하고 있는 유산이나 추진하기를 바라는 유산에 대해 소개해 봅시다.

🔍 **비무장지대(DMZ)**

남한과 북한이 군사 시설을 설치하지 않기로 합의한 곳으로 휴전의 상징이다. 오랫동안 사람들의 발길이 닿지 않아 생태계가 잘 보존되어 있다.

 필요한 정보를 찾아서 메모해 봅시다.

심화 표현

1 다음 어휘를 알아봅시다.

1) 등재(登載): 이름이나 어떤 내용을 목록에 적어 올림

'등(登)'은 '올리다', '오르다', '나가다'는 뜻을 나타내는 한자어이다. 신에게 바칠 음식을 들고 제단 위를 올라가는 모습을 형상화한 글자이다.

예) 등록, 등반, 급등, 등락, 등장인물

다음 신문 기사의 제목을 보고 내용을 말해 봅시다.

한양 신문　　　　　　　　　　　　　　　20XX.XX.XX

원 달러 환율, 1,100원 선에서 <u>등락</u> 반복

2) 길잡이(길잡-이): ① 길을 인도해 주는 사람이나 사물
　　　　　　　　　② 나아갈 방향이나 목적을 실현하도록 이끌어 주는 지침

접미사 '-이'는 '사람', '사물', 또는 '일'이라는 뜻을 더하는데 접미사 '-이'가 붙으면 명사가 된다는 특징이 있다.

예) 멍청이, 옷걸이, 미닫이, 나들이

다음 신문 기사의 제목을 보고 내용을 말해 봅시다.

한양 신문　　　　　　　　　　　　　　　20XX.XX.XX

국립박물관, '가족과 함께 박물관 <u>나들이</u>' 프로그램 운영

2

1 -(으)려야 -(으)ㄹ 수가 없다

- 아무리 노력해도 더 이상 어떻게 할 수 없거나 그렇게 하는 것이 불가능하다는 것을 말할 때 사용한다.
- 동사에 붙여 사용한다.
- 앞뒤로 동일한 동사를 적으며, 주로 구어체에 많이 쓰인다.

예문
- 중요한 면접 시험이 있어서 고향에 가려야 갈 수가 없다.
- 전통 공연이 너무 지루해서 졸음을 참으려야 참을 수가 없었어요.

1 다음을 '-(으)려야 -(으)ㄹ 수가 없다'를 사용하여 연결해 봅시다.

1) 월급이 쥐꼬리 만해서 • • ㈎ 읽다
2) 불상 앞에 새겨진 글자가 너무 닳아서 • • ㈏ 찾다
3) 그 사람은 하는 일마다 실수를 저질러서 • • ㈐ 저축하다
4) 건망증 때문에 늘 두던 곳에 물건을 두지 않으면 • • ㈑ 일을 맡기다

2 '-(으)려야 -(으)ㄹ 수가 없다'를 사용하여 불가능한 일과 그 이유를 나타내는 문장을 만들어 봅시다.

문법과 표현

2 -기도 하려니와

- 화제에 대해 두 가지 내용을 함께 말할 때 사용한다.
- 동사, 형용사에 붙여 사용한다. 명사에 붙여 사용할 때는 '도 -(이)려니와'의 형태로 쓴다.
- 앞 절에는 당연히 그렇다고 인정하는 것을 적고 뒤 절에는 그것과 관련된 새로운 사실을 적는다. 앞 절의 내용이 긍정적이면 뒤 절도 긍정적으로, 앞 절의 내용이 부정적이면 뒤 절도 부정적으로 적는다.

예문
- 대형 마트는 물건이 다양하기도 하려니와 가격도 싸다.
- 세종대왕은 학문도 학문이려니와 과학 기술에도 관심이 많으셨대요.

1 다음을 '-기도 하려니와'를 사용하여 연결해 봅시다.

1) 그는 외모가 출중하다 • • ㈎ 성품도 훌륭하다.
2) 이 찻집은 차 맛이 그만이다 • • ㈏ 분위기도 색다르다.
3) 저 해설사는 지식이 참 풍부하다 • • ㈐ 문화도 이해해야 한다.
4) 외국어를 배우려면 언어를 배워야 한다 • • ㈑ 설명도 재미있게 한다.

2 '-기도 하려니와'를 사용하여 두 가지 내용을 설명하는 문장을 만들어 봅시다.

문법과 표현

3 -(으)ㄴ 바에야

- 이미 벌어진 상황에서 어떻게 행동할 것인지 말할 때 사용한다.
- 동사에 붙여 사용한다.
- 앞 절에는 이미 벌어진 일을 적고 뒤 절에는 그 상황에서 할 수 있는 최선의 행동을 적는다. '이왕', '기왕', '어차피' 등의 부사와 잘 어울린다.

예문
- 이왕 여기까지 올라온 바에야 정상까지 가야지.
- 한국의 문화유산에 대해 배우기로 한 바에야 하나라도 더 배워야죠.

1 다음을 '-(으)ㄴ 바에야'를 사용하여 연결해 봅시다.

1) 이왕 늦었다 • • (가) 미련을 갖지 마세요.

2) 어학연수를 왔다 • • (나) 서두르지 말고 느긋하게 가자.

3) 이 업계에 발을 들이다 • • (다) 성과를 낼 때까지 버텨 보려고 해.

4) 어차피 헤어지기로 했다 • • (라) 언어뿐만 아니라 다양한 문화 체험도 하자.

2 '-(으)ㄴ 바에야'를 사용하여 이미 일어난 일과 관련해 계획이나 제안을 하는 문장을 만들어 봅시다.

심화 표현

1 다음 한자성어를 알아봅시다.

1) 명불허전(名不虛傳)

명성이 헛되이 퍼진 것이 아니라는 뜻으로 이름이 날 만한 이유가 있다는 것을 나타낸다.

- 예) 명불허전이라더니 정말 실력이 대단하다.
- 예) 산 정상에서 내려다보는 사찰의 풍경이 최고라더니 명불허전이네.

다음 신문 기사의 제목을 보고 내용을 말해 봅시다.

한양 신문   20XX.XX.XX

BTS, 떼창 유발한 라이브… '명불허전'

2) 화룡점정(畵龍點睛)

용을 그리고 마지막으로 눈동자를 찍는다는 뜻으로 어떤 것의 가장 중요한 부분을 완성시키거나 마무리한다는 의미로 사용한다.

- 예) 가장 한국적인 궁궐이라 불리는 창덕궁 투어의 화룡점정은 후원이다.
- 예) 이번 답사에서 화룡점정을 찍은 것은 경회루에서 바라본 인왕산이었다.

다음 신문 기사의 제목을 보고 내용을 말해 봅시다.

한양 신문   20XX.XX.XX

한국 축구팀 1:0 승리, 멋진 마무리 골로 '화룡점정'

듣고 말하기 1

1 듣기 활동을 하기 전에 함께 이야기해 봅시다.

1) 다음 유적지들을 보고 강화도의 역사에 대해 알아봅시다.

강화 지석묘

참성단

전등사

고려 궁지

2) 강화도에서 가장 구경해 보고 싶은 것에 대해 이야기해 봅시다.

| 역사박물관 | 강화 오일장 | 석양 | 고인돌 공원 |

2 내용을 듣고 문제를 풀어 봅시다.

1) 강화도에 대한 설명으로 맞으면 O, 틀리면 X 하십시오.

　① 서해에 있는 섬으로 그 크기가 한국에서 세 손가락 안에 든다.　(　)

　② 육지와 연결되어 있기 때문에 배를 타지 않고도 갈 수 있다.　(　)

　③ 아름다운 해돋이를 볼 수 있어서 인기가 많은 곳이다.　(　)

　④ 고구마를 비롯한 강화도 특산품은 오일장에서 구입할 수 있다.　(　)

2) 강화 지석묘에 대한 설명으로 틀린 것을 고르십시오.

　① 탁자 모양으로 생겼다.　　② 선사 시대 무덤이다.

　③ 세계문화유산으로 지정되었다.　　④ 강화도 역사박물관에 전시되어 있다.

3) 강화도를 한반도 역사의 축소판이라고 부르는 이유는 무엇입니까?

듣고 말하기 1

3 듣기 활동이 끝난 후에, 다음을 참고하여 자신의 생각을 말해 봅시다.

> 강화도는 _____기도 하려니와 _____어서 인기가 많은 섬이다.

4 다음을 보고 세계 각국의 역사 문화 관광지에 대해 소개해 봅시다.

🔍 **오이도**
서울에서 지하철로 갈 수 있어서 바다도 보고 조개구이도 즐기려는 관광객들이 많이 찾는 곳이다. 선사 시대의 생활상을 엿볼 수 있는 선사 유적 공원도 조성되어 있어 볼거리가 가득하다.

🔍 **제부도**
하루에 두 번씩 바닷물이 양쪽으로 갈라져 섬으로 들어갈 수 있는 길이 열린다. 시간을 잘 맞춰 가면 바닷길이 열리고 닫히는 모습과 서해안에서 가장 아름답다고 소문난 석양을 감상할 수 있다.

출처: https://blog.naver.com/easy6895

ⓘ 참고하기

1) **일명** 호박고구마**라고 불리는**
   본명 이외에 따로 부르는 이름
   예 일명 '승무원 크림'이라고 불리는 수분 크림을 하나 샀다.

2) **탁자식 형태를 띠고 있다**
   탁자 모양   겉으로 어떤 특징을 드러내다
   예 바닷가에 있는 그 바위는 버섯 모양을 띠고 있다.

3) 한반도 역사의 **축소판**
   어떤 것을 줄여서 작게 한 것
   예 대학의 회장 선거를 보면 마치 정치의 축소판을 보는 것 같다.

듣고 말하기 2

1 듣기 활동을 하기 전에 함께 이야기해 봅시다.

1) 조선 시대의 역사서인 조선왕조실록에 대해서 알아봅시다.

조선 태조 때부터 철종 때까지 427년간의 역사적 사실을 연대순으로 적은 책이다. 1997년에 유네스코 세계기록유산으로 등재되었다.

2) 조선 시대 왕에 대해 얼마나 압니까? 다음 힌트를 보고 제시된 왕을 찾아봅시다.

- **태조**: 조선을 건국한 왕
- **단종**: 가장 나이가 어린 왕
- **연산군, 광해군**: 폐위된 왕
- **영조**: 재위 기간(52년)이 가장 긴 왕
- **고종, 순종**: 대한제국의 황제

2 내용을 듣고 문제를 풀어 봅시다.

1) 조선왕조실록에 대한 설명으로 맞으면 O, 틀리면 X 하십시오.

　① 조선 시대의 역사를 기록한 책이다. 　　　　　　　　　　(　　)
　② 당시의 정치에 대한 내용만 기록되어 있다. 　　　　　　(　　)
　③ 내용이 풍부하지 않아 조선 시대를 이해하는 데에는 한계가 있다. (　　)
　④ 한국이 보유하고 있는 유네스코 세계기록유산 중의 하나이다. (　　)

2) 다음 만화의 특징 중 남자가 언급한 것을 2개 고르십시오.

　① 어른보다는 아이들이 더 좋아하는 매체이다.
　② 그림으로 표현되기 때문에 쉽게 이해할 수 있다.
　③ 사건이나 상황을 생동감 있게 표현할 수 있다.
　④ 역사가 오래된 매체 중 하나이다.

3) 만화 조선왕조실록과 다른 역사 만화물과의 차이점은 무엇입니까?

듣고 말하기 2

3 듣기 활동이 끝난 후에, 다음을 참고하여 자신의 생각을 말해 봅시다.

> 조선왕조실록은 _____기 때문에 조선 시대를 이해하는 데 중요한 자료이다.

4 다음을 보고 세계 각국의 역사 영화나 드라마를 소개해 봅시다.

왕	영화	드라마
세종	천문: 하늘에 묻는다(2019)	뿌리 깊은 나무(2011)
단종	관상(2013)	공주의 남자(2011)
광해군	광해, 왕이 된 남자(2012)	왕의 얼굴(2014)
영조	사도(2015)	해치(2019)
정조	역린(2014)	이산(2007)

ⓘ 참고하기

1) **다방면**에 걸쳐 **수록하고** 있기 때문에
   여러 분야   어떤 내용을 모아서 기록하다/자료를 책에 싣다
   예 이 책은 토픽 예상 문제와 답안을 수록하고 있다.

2) 남녀노소를 **불문하고**
              따지지 않고
   예 우리 회사는 학력을 불문하고 능력이 있으면 채용한다.

3) 구전되는 이야기까지 포함시키**는 경우가 허다합니다**.
                              그런 일이 매우 많다
   예 공장의 기계가 낡으면 사고가 나는 경우가 허다하다.

3

1 읽기 활동을 하기 전에 다음을 확인해 봅시다.

1) 다음 그림을 보고 영조와 사도세자에 대해서 알아봅시다.

2) 다음 어휘를 알아봅시다.

> 세미나 - 뒤풀이   정식 궁궐 - 행궁   설계 - 축조 - 파손 - 복원

2 다음 글을 읽으면서 각 단락의 주제문을 찾아봅시다.

수원화성을 다녀와서

　지난주 역사 동아리 모임에서 조선 시대 당시 새로운 세상을 꿈꾸었던 조선의 22대 왕 정조에 대한 세미나를 했다. 내친김에 동아리 친구들과 함께 정조가 아버지에 대한 효심과 새로운 시대에 대한 염원을 담아 지었다는 수원화성을 직접 답사해 보기로 했다. 일요일 아침 7시, 시외버스를 타고 화성행궁 앞에서 내렸다.

　화성행궁은 정조가 수원화성을 지은 뒤 화성에 행차할 때마다 임시로 머물렀던 궁궐이다. 정식 궁궐이 아니므로 서울에 있는 경복궁처럼 규모가 웅장하지는 않았지만 소박한 멋이 묻어나는 궁이었다. 행궁 입구에 들어서자마자 보이는 600년 넘은 느티나무 앞에서 소원을 빌면 정조의 기운을 받아 이루어진다고 해서 나도 재미 삼아 소원을 적어 느티나무 앞 새끼줄에 걸었다.

　다음으로 성곽 안에 위치한 수원화성박물관에 갔는데, 가는 길에 화성 안으로 나 있는 차도로 버스와 자동차들이 지나가는 것을 볼 수 있었다. 성곽 위에서 그 모습을 보고 있으니 마치 과거와 현대가 자연스럽게 이어지는 듯한 느낌이 들어 기분이 묘했다. 박물관에서는 해설사가 수원화성에 대해 일목요연하게 설명해 줬는데 오늘 본 것이 한 번에 정리되는 것 같아 흡족했다.

1 (　)

2 (　)

3 (　)

읽고 쓰기

　수원화성은 정조가 1796년 완공한 성으로 자연환경을 적절히 활용한 것은 물론이고 설계에서 공사에 이르기까지 새로운 기술과 다양한 장비를 이용하여 과학적이고 실용적으로 축조되었다고 한다. 화성은 한국 전쟁을 겪으면서 크게 파손되었는데, 당시 축조 상황을 기록해 놓은 〈화성성역의궤〉를 바탕으로 원형대로 복원하였다고 하니 다행스러운 일이다.

4 (　　)

　답사를 마친 후, 맛도 맛이려니와 후한 서비스로 이름 난 박물관 인근의 50년 전통 맛집으로 갔다. 우리는 이곳에서 뒤풀이 겸 저녁 식사를 하며 수원화성 답사를 유쾌하게 마무리했다.

5 (　　)

🔍 각 단락의 주제문을 찾아봅시다.

㉮ 박물관으로 가서 수원화성에 대한 설명을 들었다.
㉯ 맛집에서 뒤풀이를 하며 답사를 마무리하였다.
㉰ 수원화성의 건축 방식과 역사에 대해 알게 되었다.
㉱ 역사 세미나를 계기로 수원화성에 가게 되었다.
㉲ 화성행궁에서 600년이 넘은 느티나무를 보았다.

ⓘ 참고하기

1) 내친김에　일이나 이야기를 시작한 김에
　예 내친김에 궁금했던 것을 하나 더 물어봤다.

2) 이/가 묻어나다　어떤 분위기나 감정이 드러나다
　예 그의 목소리에 깊은 슬픔이 묻어나서 아무 말도 할 수 없었다.

3) 재미 삼아　특별한 목적 없이, 재미로
　예 요즘 재미 삼아 한국 요리를 배우고 있다.

읽고 쓰기

3 다음 질문에 대답해 봅시다.

1) 글쓴이가 수원화성을 답사하게 된 계기는 무엇입니까?

2) 화성행궁은 어떤 기능을 하던 곳이었습니까?

3) 글쓴이는 왜 느티나무 앞에 소원을 적어 빌었습니까?

4) 성곽 위에서 과거와 현재가 공존하는 듯한 인상을 받은 이유는 무엇입니까?

5) 수원화성의 건축 방식은 어떤 특징을 가지고 있습니까?

4 각 단락의 장소와 감상을 나타내는 표현을 찾아 써 봅시다.

단락	장소	감상
두 번째 단락	화성행궁	소박하다
세 번째 단락		
네 번째 단락		
다섯 번째 단락		

5 조선 시대 행궁에 대해 더 알아봅시다.

🔍 남한산성 행궁

- 경기도 광주에 있는 행궁으로 전쟁 시 한양의 궁궐을 대신하기 위해 1624년 인조 임금의 명으로 지어졌다.
- 남한산성 안에 행궁을 비롯하여 종묘, 군사 시설 등이 있다.
- 남한산성은 2014년 유네스코 세계문화유산으로 등재되었다.

출처: 경기도남한산성세계유산센터

읽고 쓰기

6 윗글의 구조를 알아봅시다.

도입

여행하게 된 계기
- 동아리 모임에서 정조에 대한 세미나를 했는데 내친김에 수원화성을 직접 답사해 보기로 했다.

여행지로의 이동
- 일요일 아침 7시, 시외버스를 타고 화성행궁 앞에서 내렸다.

전개

1) 여행지 소개

여행지의 특징
- 화성행궁은 정조가 화성에 행차할 때마다 임시로 머물렀던 궁궐이다.
- 느티나무 앞에서 소원을 빌면 정조의 기운을 받아 이루어진다고 해서

감상
- 경복궁처럼 규모가 웅장하지는 않았지만 소박한 멋이 묻어나는 궁이었다.

2) 여행의 경로와 감상

이동 순서 및 경로
- 다음으로 성곽 안에 위치한 수원화성박물관에 갔는데
- 가는 길에 버스와 자동차들이 지나가는 것을 볼 수 있었다.
- 박물관에서는 해설사가 수원화성에 대해 일목요연하게 설명해 줘서

감상
- 마치 과거와 현대가 자연스럽게 이어지는 듯한 느낌이 들어 기분이 묘했다.
- 오늘 본 것이 한 번에 정리되는 것 같아 흡족했다.

마무리

결과 및 정리
- 답사를 마친 후 50년 전통 맛집으로 갔다.
- 이곳에서 뒤풀이 겸 저녁 식사를 하며 답사를 마무리했다.

읽고 쓰기

7 윗글의 구조를 참고하여 기행문을 써 봅시다.

> **기행문이란?**
> 기행문이란 여행의 과정을 기록한 글로, 여정과 함께 글쓴이의 감상을 위주로 구성한다.

1) 주제 정하기

_____을/를 다녀와서

2) 개요 짜기

| 도입 | 여행하게 된 계기 |
| | 여행지로의 이동 |

| 전개 | 여행지 소개 |
| | 여행의 경로와 감상 |

| 마무리 | 결과 및 정리 |

3) 작문하기

4) 자기 평가와 수정하기

체크리스트	네	아니요
❶ 글의 주제가 잘 드러나는가?	☐	☐
❷ 도입, 전개, 마무리로 단락이 잘 나누어졌는가?	☐	☐
❸ 기행문의 구조를 잘 갖추고 있는가?	☐	☐
❹ 글의 주제에 맞는 고급의 어휘와 표현을 사용하였는가?	☐	☐
❺ 문장의 호응과 시제, 맞춤법이 정확한가?	☐	☐

주제 토론

1 최근 국외로 반출된 문화재 반환 문제가 논란이 되고 있습니다. 다음을 참고하여 이에 대해 어떻게 생각하는지 자신의 의견을 말해 봅시다.

1) 다음 뉴스 자료를 확인해 봅시다.

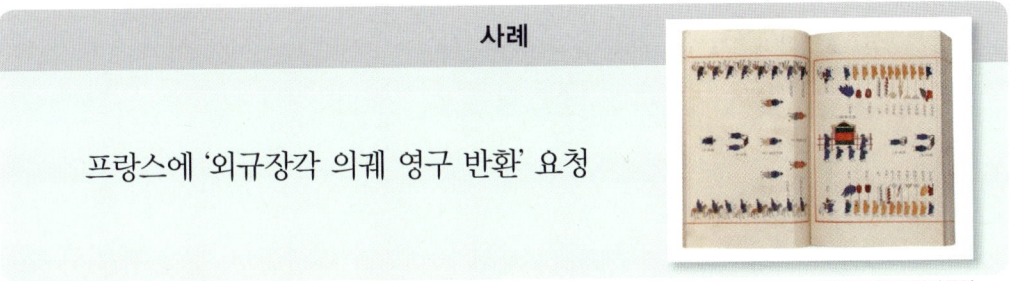

2) 어떤 주장이 합리적인지 생각해 보고 자신의 입장을 정해 봅시다.

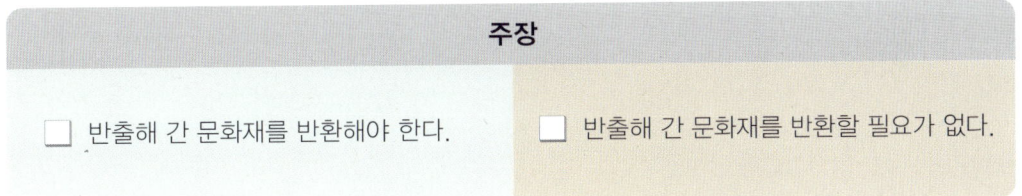

3) 주장의 근거를 찾아서 정리해 봅시다.

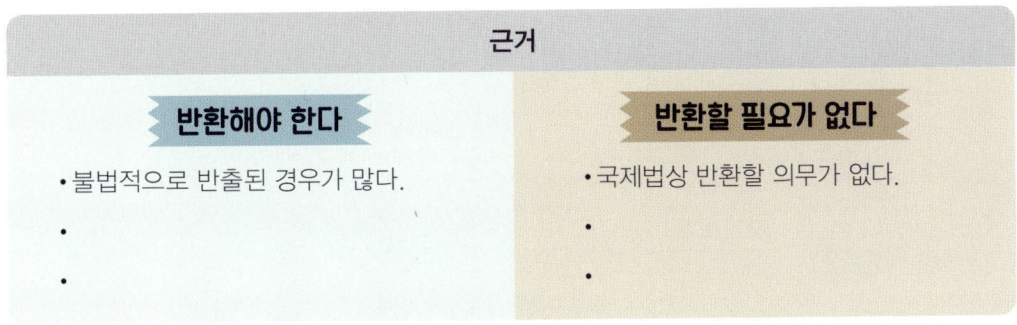

4) 다음 표현을 사용하여 국외로 반출된 문화재 반환에 대해 토론해 봅시다.

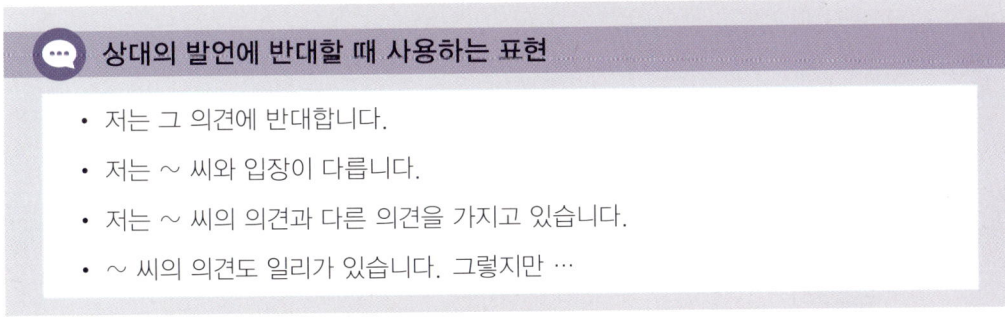

4

1 발표문의 구성과 인사 표현에 대해서 알아봅시다.

1) 발표 준비의 절차

주제 선정 ➡ 자료 수집 및 내용 정리 ➡ 발표문 작성 PPT 제작 ➡ 발표

2) 발표문의 구성

발표문
시작 인사
주제 소개
목차 소개
내용 소개
마무리 인사

3) 인사 표현 예시

시작 인사	인사와 자기소개	• 안녕하세요? 저는 고급2 ○반의 ○○○입니다. • 여러분, 안녕하세요? 저는 고급2 ○반의 ○○○(이)라고 합니다.
	주제 소개	• 저는 오늘 ~에 대해 발표하겠습니다. • 저는 ~에 대해서 발표하려고/발표하고자 합니다. • 제가 오늘 발표할 주제는 ~입니다.

마무리 인사	인사	• 제 발표는 여기까지입니다. 잘 들어주셔서 감사합니다. • 이상으로 발표를 마치겠습니다. 들어주셔서 감사합니다.
	질문 확인	• 혹시 질문이 있으십니까? • 제 발표에 대해서 혹시 질문 있으십니까?

학술적 말하기

2 한국의 세계문화유산에 대해 알아보고 각국의 세계문화유산을 소개해 봅시다.

1) 한국의 세계문화유산에 대해서 알아봅시다.

명칭	동의보감	유산의 종류	세계기록유산

출처: 국립민속박물관

동의보감은 조선 선조 때인 17세기에 편찬된 의학 백과사전이다. 공공 의료의 개념이 없던 당시에 국가 주도로 일반 백성들을 위해 편찬된 의학서라는 점에서 의의가 있다. 동의보감에는 실생활에서 쉽게 구할 수 있는 약재와 치료법을 한자와 한글로 써 놓았다. 또한 예방의 중요성을 언급한 세계 최초의 의학서이기도 하다. 이러한 가치를 인정받아 2009년 의학서 중에서는 세계 최초로 유네스코 세계기록유산으로 등재되었다.

2) 각국의 세계문화유산을 소개해 봅시다.

• 표현을 알아봅시다.

	표현	예
정의	은/는 ~이다	동의보감은 의학 백과사전입니다.
가치	~ 점에서 의의가 있다	일반 백성들을 위한 의학서라는 점에서 의의가 있습니다.
등재 이유	이러한 가치를 인정받아 유산으로 등재되었다	이러한 가치를 인정받아 2009년 유네스코 세계기록유산으로 등재되었습니다.

• 내용을 정리해서 발표해 봅시다.

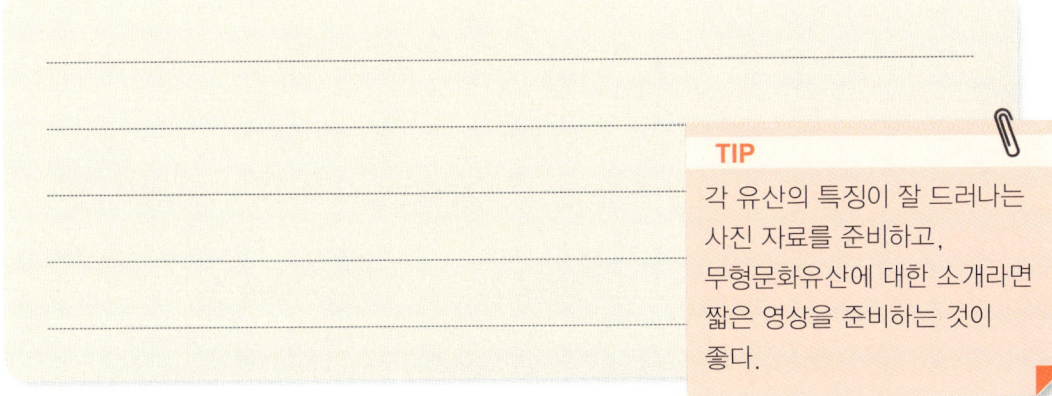

TIP
각 유산의 특징이 잘 드러나는 사진 자료를 준비하고, 무형문화유산에 대한 소개라면 짧은 영상을 준비하는 것이 좋다.

학술적 글쓰기

1 연구 계획서 및 개요 작성에 대해서 알아봅시다.

1) 연구 계획서 작성

연구 계획서

팀원	
세부 주제	
연구 목적	
연구 방법	☑ 문헌 조사 뉴스 기사, 책, 논문 검색, 자료 수집 및 정리 ☐ 설문 조사 대상자 선정, 질문지 작성 및 검토, 질문지 발송 및 수집, 결과 정리 ☐ 인터뷰 대상자 선정, 질문지 작성 및 검토, 인터뷰 시행, 결과 정리
질문 문항	
역할 분담	

2) 개요 작성

개요

제목	
I. 서론 • 연구 배경 • 연구 목적	

II. 본론	1. 연구 대상과 연구 방법
	
	2. 연구 결과와 분석
	   2.1.
	
	   2.2.

III. 결론	

3 자연과 환경

학습 목표

환경 문제의 유형과 원인을 이해하고
그 영향을 말할 수 있다.

학습 내용

1
- 도입 | 자연환경과 환경 문제
- 어휘와 표현 | 지구 온난화의 원인과 영향
- 대화문 | 지구 온난화 문제

2
- 문법과 표현 | ① -(으)ㄴ들
  ② -기로서니
  ③ -자니 -자니
- 듣고 말하기 | ① 대체 에너지
  ② 생수 산업의 문제

3
- 읽고 쓰기 | 월드컵 생태공원을 가다
- 주제 토론 | 환경 규제와 경제 개발

4
- 학술적 말하기 | 발표문 작성 2
- 학술적 글쓰기 | 연구 방법

MP3 Streaming

1

1 자연환경과 기후가 우리 생활에 미치는 영향에 대해 알아봅시다.

열대 기후

건조 기후

온대 기후

냉대 기후

한대 기후

열대 우림
사막
뚜렷한 사계절
삼림
빙하

 위의 그림을 보고 세계 각 지역의 기후와 자연환경을 소개해 봅시다.

2 최근의 환경 문제에는 어떤 것들이 있는지 알아봅시다.

공해와 오염

기후 변화

자연재해

 세계 각 지역에서 발생하고 있는 환경 문제에 대해 말해 봅시다.

어휘와 표현

1 다음 표현을 사용하여 지구 온난화의 원인과 영향을 말해 봅시다.

원인	영향
자동차나 공장의 매연	이상 기후 현상
소의 방귀나 트림	해수면 상승
삼림 훼손	생태계 파괴

 소의 방귀나 트림은 지구 온난화를 심화시키는 한 요인이다. **소의 방귀나 트림**으로 온실 가스의 농도가 더 높아질 수 있기 때문이다. 지구 온난화가 심화되면 **생태계 파괴**라는 무서운 결과를 낳을 수 있다.

2 다음 표현을 사용하여 상황에 맞게 이야기해 봅시다.

표현	상황
• 눈앞에 닥치다 • 코앞이다	가: 요즘 바쁜가 봐요? 얼굴 보기도 힘드네요. 나: _____.
• 상상 이상이다 • 상상했던 대로다	가: 대기업에서 인턴으로 일해 보니 어때요? 나: _____.
• 웬걸요 • 그러게요	가: 사람들은 환경보호에 별 관심이 없는 것 같아요. 나: _____.
• 금시초문이다 • 난생 처음 들었다	가: 요즘 자연재해가 많이 발생하는 게 지구 온난화 때문이래요. 나: _____.

대화문

1 다음 대화문을 듣고 지구 온난화 문제에 대해서 이야기해 봅시다.

지우 어제 서울 최고 기온이 27도였다는데 봄 날씨치고는 너무 더운 거 아니에요?

사토 그러게 말이에요. 이러다가 봄가을이 없어지는 게 아닌가 싶어요. 한국의 기후가 점점 *아열대 기후처럼 변해가고 있다고 하잖아요.

*아열대 기후
열대와 온대의 중간

지우 전 세계적으로 지구 온난화로 인해 이상 기후 현상이 빈번하게 일어나는 것 같아서 걱정이에요.

사토 그런데도 환경에 관심조차 없는 사람이 많은 것 같아요. 어떤 사람들에게는 눈앞에 닥친 생존 문제일 수도 있는데 말이죠.

지우 그러게요. 얼마 전에 *해수면 상승으로 가라앉고 있는 섬나라 이야기를 다룬 다큐멘터리를 봤는데 너무 안타깝더라고요. 하지만 우리가 환경 문제에 관심을 가진들 그게 무슨 도움이 되겠어요? 생활에 쫓기다 보면 환경 문제에까지 관심을 갖기 어려운 것도 사실이고요.

*지식채널 e:
기후 난민 투발루

사토 아무리 여유가 없기로서니 환경 문제를 등한시해서는 안 되죠. 우리가 *부지불식간에 하는 행동이 환경에 미치는 영향은 상상 이상이에요. 일례로 소고기 소비가 환경에 악영향을 미치는 거 아세요? 소의 방귀나 트림에 환경을 오염시키는 메탄가스가 섞여 있거든요.

*부지불식간
생각하지도 못하고 알지도 못하는 사이

지우 금시초문인걸요. 하지만 소가 트림 좀 한다고 그게 환경에 영향을 미치면 얼마나 미치겠어요?

사토 웬걸요. 자동차나 공장의 매연 못지않게 심각한 영향을 준다고 해요. 또 공기를 정화시키는 *열대 우림을 소를 키우기 위한 목초지로 만들고 있기 때문에 지구 온난화 현상이 가속화되는 거래요.

*지식채널 e:
햄버거 커넥션

지우 평소에 소고기를 즐겨 먹는 편인데 제가 환경을 파괴하는 데에 한몫하고 있었던 거네요. 이런 사실을 알면서도 그냥 먹자니 양심의 가책을 느끼고, 그렇다고 안 먹자니 그럴 자신이 없고, 참 난감하네요.

대화문

2 다음 질문에 대답해 봅시다.

1) 한국의 기후가 어떻게 변해 가고 있습니까? 그렇게 보는 근거는 무엇입니까?

2) 환경 보호를 위해 개개인이 할 수 있는 일에 대해서 두 사람의 생각이 어떻게 다릅니까?

3) 소고기 소비가 환경에 부정적인 영향을 미치는 과정에 대해 설명해 봅시다.

4) 대화가 끝난 후 제니는 어떤 고민을 하게 되었습니까?

3 발음과 억양에 유의하면서 다음 문장을 읽어 봅시다.

1) 해수면 상승으로 **가라앉고 있는** 섬나라 이야기를 다룬 다큐멘터리를 **봤는데**

2) 소고기 소비가 환경에 **악영향을** 미치는 거 아세요?

3) 소고기를 즐겨 **먹는 편**인데 제가 환경을 파괴하는 데에 **한몫하고** 있었던 거네요.

4 기후협약에 대해 알아봅시다.

기후협약

- 지구 온난화 방지를 목적으로 이산화탄소 배출을 줄이기 위해 마련한 협약
- 1990년 제45차 UN총회에서 기후협약을 맺기로 결정
- 1992년 〈브라질 리우 협약서〉 공개
- 1997년 〈교토 의정서〉에서 선진국이 이산화탄소를 감축하기로 결정
- 2015년 〈파리기후협약〉으로 약 195개국으로 참여 확대, 국가별 자발적 〈국가 온실가스 감축 목표(NDC)〉 결정 방식 채택

대화문

5 함께 이야기해 봅시다.

1) 세계 각국에서 기상 이변으로 인해 나타나는 현상에 대해서 발표해 봅시다.

🔍 **봄꽃 개화 시기의 변화**

과거(1981년~1990년)와 평년(1991년~2020년)의 한국의 봄꽃 개화일을 비교한 결과, 매화가 10~21일, 개나리와 벚나무는 2~6일 빨라졌다고 한다. 이것은 개화일에 영향을 주는 2~3월의 평균 기온이 상승했기 때문이다.

2) 지구 온난화의 원인인 온실가스를 줄이기 위한 생활 속 실천 방안에 대해 말해 봅시다.

🔍 **제로 웨이스트 매장 이용하기**

제로 웨이스트 매장은 불필요한 포장을 줄임으로써 쓰레기 배출을 최소화하는 방식으로 운영되는 매장이다. 이곳에서는 세제나 화장품 등을 판매할 때 손님이 가지고 온 용기에 내용물만 담아가게 한다. 제로 웨이스트 매장을 이용하면 생활 속 플라스틱 쓰레기를 줄여 환경 보호에 도움이 된다.

🏠 필요한 정보를 찾아서 메모해 봅시다.

심화 표현

1 다음 어휘를 알아봅시다.

1) 가속화(加速化): 속도를 더하게 됨

'가(加)'는 '더하다'의 뜻을 가진 한자어이다. 특정 어휘의 앞이나 뒤에 붙어서 '정도를 더하거나 덧붙임'의 의미를 나타낸다.

예 가속도, 가중, 배가, 부가

다음 신문 기사의 제목을 보고 내용을 말해 봅시다.

한양 신문　　　　　　　　　　　　　　20XX.XX.XX

대법원, '상습 절도'도 <u>가중</u> 처벌 범죄로 보아야

2) 등한시(등한-시)+하다: 관심이 없거나 소홀하게 여김

'-시'는 '그렇게 여김' 또는 '그렇게 봄'의 뜻을 가진 접미사이다. 특정 명사 뒤에 붙여 사용한다.

예 중요시, 우선시, 적대시, 동일시

다음 신문 기사의 제목을 보고 내용을 말해 봅시다.

한양 신문　　　　　　　　　　　　　　20XX.XX.XX

기업 이익보다 환경 <u>우선시</u>, 친환경 기업 뜬다

2

1 -(으)ㄴ들

- 바람직한 상황이 벌어지더라도 소용없음을 말할 때 사용한다.
- 명사나 동사, 형용사에 붙여 사용한다.
- 앞 절에는 이상적인 행동이나 상황을 적고, 뒤 절에는 부정적인 결과 예측을 적는다.

예문
- 환경 보호를 아무리 외친들 아무 변화도 일어나지 않을 것이다.
- 에너지 사용을 아무리 줄인들 에너지 고갈을 막지는 못할 거예요.

1 다음을 '-(으)ㄴ들'을 사용하여 연결해 봅시다.

1) 밤을 새워 준비하다 •   • (가) 반도 끝낼 수 없을 거다
2) 제품의 기능이 다양하다 •   • (나) 귓등으로도 듣지 않을 게 뻔하다
3) 좋은 방법을 생각해 내다 •   • (다) 현실성이 없으면 탁상공론에 불과하다
4) 귀에 못이 박히게 말하다 •   • (라) 사용법을 모르면 무슨 소용이 있겠는가?

2 '-(으)ㄴ들'을 사용하여 그렇게 하더라도 소용없음을 나타내는 문장을 만들어 봅시다.

문법과 표현

2 -기로서니

- 이유와 상관없이 상대방의 행동을 질책할 때 사용한다.
- 명사, 동사, 형용사에 붙여 사용한다.
- 과거의 사실에는 '-었/았기로서니'를 쓴다.
- 앞 절에는 뒤 절에 나타나는 행동의 이유를 적고, 뒤 절에는 비난받을 만한 행동을 지적하는 내용을 적는다.

예문
- 아무리 화가 나기로서니 친구에게 욕을 하면 안 되죠.
- 아무리 덥기로서니 하루 종일 에어컨을 켜 두는 건 심하지 않아요?

1 다음을 '-기로서니'를 사용하여 연결해 봅시다.

1) 세일 폭이 크다 • • ㈎ 충동구매를 하면 안 된다.

2) 야단맞는 것이 겁나다 • • ㈏ 거짓말을 하면 어디 되겠는가?

3) 발등에 불이 떨어졌다 • • ㈐ 대책도 없이 그만두면 어떻게 해?

4) 일이 적성에 맞지 않다 • • ㈑ 일을 대충 해서 마무리하면 안 되지.

2 '-기로서니'를 사용하여 질책의 의미를 나타내는 문장을 만들어 봅시다.

문법과 표현

3 -자니 -자니

- 두 가지 선택 상황에서 양쪽 모두 의도한 대로 하기 어려운 상황임을 설명할 때 사용한다.
- 동사에 붙여 사용한다.
- 앞 절에는 선택을 적고 뒤 절에는 문제점을 적는데 동일한 구조를 반복한다.

예문
- 대학원에 가자니 등록금이 부담스럽고 취직을 하자니 일자리가 없다.
- 최신형 노트북을 사자니 비싸고 구형 노트북을 사자니 마음에 안 든다.

1 다음을 '-자니 -자니'를 사용하여 문장을 완성해 봅시다

1) vs. 맞벌이를 하다 / 아이들 교육이 걱정이다
      집에서 아이들을 돌보다 / 생활비가 부족하다

2) vs. 차를 놓고 다니다 / 대중교통 수단이 마땅찮다
      차를 매일 가지고 다니다 / 기름값이 부담스럽다

3) vs. 도시 환경을 개선하다 / 주변 산림 파괴가 우려되다
      도시 환경을 유지하다 / 생활이 불편하다

4) vs. 에어컨 사용을 줄이다 / 더워서 못 살겠다
      에어컨을 마음껏 사용하다 / 전기요금이 걱정이다

2 '-자니 -자니'를 사용해서 두 가지 선택 중 고민하는 내용의 문장을 만들어 봅시다.

심화 표현

1 다음 한자성어를 알아봅시다.

1) 천재지변(天災地變)

지진, 홍수, 태풍과 같은 자연 현상으로 인해 일어나는 재난이나 이변을 말한다.

예 그 나라는 올해 지진, 해일, 홍수 등과 같은 각종 천재지변에 시달리고 있다.

예 21세기 들어 지구는 곳곳에서 일어나는 천재지변으로 몸살을 앓고 있다.

다음 신문 기사의 제목을 보고 내용을 말해 봅시다.

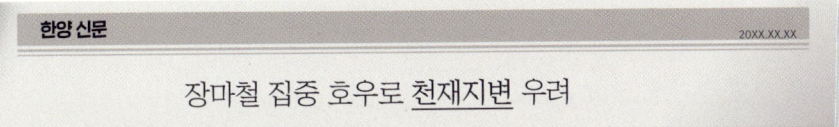

한양 신문　20XX.XX.XX

장마철 집중 호우로 천재지변 우려

2) 결자해지(結者解之)

'일을 맺은 사람이 풀어야 한다'는 뜻으로, 일을 저지른 사람이 그 일을 해결해야 한다는 것을 의미한다.

예 이번 사태는 담당자가 책임을 지고 결자해지해야 한다고 봅니다.

다음 신문 기사의 제목을 보고 내용을 말해 봅시다.

한양 신문　20XX.XX.XX

에너지 기업들의 결자해지…탄소 중립 적극 참여 선언

듣고 말하기 1

1 듣기 활동을 하기 전에 함께 이야기해 봅시다.

1) 다음 보고 우리가 사용하는 에너지원에는 무엇이 있는지 알아봅시다.

화석 연료

원자력 에너지

대체 에너지

2) 다음 어휘를 공부해 봅시다.

| 풍력 발전 | 친환경 발전 | 재생 에너지 |
| 전력을 생산하다 | 단지를 조성하다 | 이산화탄소가 감축되다 |

2 내용을 듣고 문제를 풀어 봅시다.

1) 제주 해상 풍력 발전 단지에 대한 설명으로 맞으면 O, 틀리면 X 하십시오.

① 한국에서 두 번째로 조성된 해상 풍력 발전 단지이다. (   )
② 제주시 근처 바다에 풍력 발전기를 설치하여 조성하였다. (   )
③ 1년에 약 2만 가구 이상이 사용할 수 있는 전력을 생산한다. (   )
④ 발전 단지에서 1년에 약 4만 톤의 이산화탄소를 배출한다. (   )

2) 풍력 발전의 장점 2가지를 쓰십시오.

① _____

② _____

3) 제주 해상 풍력 발전 단지의 영향으로 맞는 것을 고르십시오.

바다 생태계	☐ 긍정적 영향을 끼쳤다	☐ 악영향을 끼쳤다
어종	☐ 줄어들었다	☐ 다양해졌다
관광객	☐ 증가하였다	☐ 감소하였다

듣고 말하기 1

3 듣기 활동이 끝난 후에, 다음을 참고하여 자신의 생각을 말해 봅시다.

> 제주 해상 풍력 발전 단지의 조성으로 _____
> 효과가 있었다.

4 다음을 보고 대체 에너지를 활용한 사례를 소개해 봅시다.

🔍 **인도의 코친국제공항**
세계 최초로 100% 태양열 에너지로 운영되는 공항이다. 풍부한 일조량을 활용하는데 약 3억 톤의 이산화탄소 감축 효과가 있다고 한다.

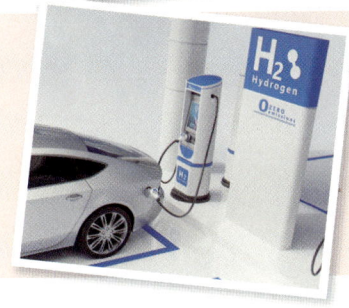

🔍 **수소자동차**
수소(H_2)와 공기 중 산소의 반응으로 발생하는 전기를 이용해 운행하는 친환경 자동차를 말한다. 화석 연료를 사용하지 않기 때문에 배기가스 및 오염 물질을 배출하지 않는다는 장점이 있다.

ⓘ 참고하기

1) **색다른** 풍경을 맞이하게 됩니다.
   보통의 것과 다르게 특색이 있는
   예) 그 그림은 이국적인 풍경을 그려서인지 색다른 느낌을 준다.

2) 다양한 바다 생물을 볼 수 있다는 **입소문이 나면서**
   입에서 입으로 소문이 퍼지면서
   예) 그 영화가 재미있다는 입소문이 나면서 보름 만에 백 만 관객을 돌파했다.

3) 관광객들의 **발길도 이어지고** 있다고 합니다.
   많은 사람들이 어떤 장소에 많이 찾아오다
   예) 추석 승차권 현장 매표소에 귀향객의 발길이 이어지고 있다.

듣고 말하기 2

1 듣기 활동을 하기 전에 함께 이야기해 봅시다.

1) 여러분 나라에서 식수로 애용되는 것은 무엇인지 말해 봅시다.

　　　수돗물　　　　　　　　　생수　　　　　　　　　정수 물

2) 생수가 소비되는 과정을 알아봅시다.

  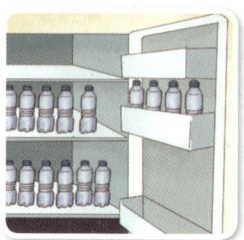 

　　생산　　　　　　유통　　　　　　보관　　　　　　폐기

2 내용을 듣고 문제를 풀어 봅시다.

1) 여자가 축제에서 받은 물을 마시지 않은 이유는 무엇입니까?

　① 무료가 아니기 때문에　　　　　② 안전하지 않기 때문에

　③ 수돗물을 담은 것이기 때문에　　④ 생수를 좋아하지 않기 때문에

2) 생수 산업에 대한 설명으로 맞으면 O, 틀리면 X 하십시오.

　① 생수는 생산 과정과 유통 기간이 확실해서 수돗물보다 깨끗하다.　(　　)

　② 생수 공장으로 인해 그 지역의 지하수가 고갈될 수 있다.　(　　)

　③ 생수를 생산하는 과정에서 환경에 유해한 물질이 나온다.　(　　)

　④ 국내 생수보다 수입 생수가 환경에 더 악영향을 미친다.　(　　)

3) 남자의 생각으로 맞는 것을 고르십시오.

　☐ 생수 사용을 줄이면 환경 보호에 도움이 될 것이다.

　☐ 비싸더라도 믿을 수 있는 회사의 생수를 마시는 것이 좋다.

듣고 말하기 2

3 듣기 활동이 끝난 후에, 다음을 참고하여 자신의 생각을 말해 봅시다.

> 생수 산업은 _____기 때문에 환경에 유해하다고 할 수 있다.

4 다음을 보고 세계 각 도시의 식수와 상수원에 대해서 소개해 봅시다.

🔍 **서울시의 수돗물, 아리수**

- 크다는 뜻의 '아리'와 물이라는 뜻의 한자어 '수(水)'가 결합된 말로 서울 수돗물의 이름이다.
- 아리수는 2013년 세계 물맛대회에서 7위를 차지하였다.
- 아리수는 서울의 한강을 상수원으로 하고 있다.

ⓘ 참고하기

1) 수돗물이라니까 **꺼림칙했어**.
   마음에 걸려서 싫은 느낌이 있다
   예) 미역국을 먹으면 시험에 떨어진다는 얘길 들으니까 왠지 꺼림칙해서 시험 전에는 미역국을 안 먹게 된다.

2) 오염되거나 **고갈되기** 쉽대.
   다 써서 없어지다
   예) 오랜 가뭄으로 인해 하천의 물이 고갈될 지경이다.

3) **탄소 배출량**이 훨씬 크겠네.
   공기 중에 배출되는 이산화탄소의 양
   예) 수입 생수는 국산 생수에 비해 생산지와 소비지의 거리 차가 크므로 탄소 배출량이 훨씬 클 수밖에 없다.

3

1 읽기 활동을 하기 전에 다음을 확인해 봅시다.

1) 쓰레기를 처리하는 방법에는 어떤 것이 있는지 알아봅시다.

소각

매립

재활용

2) 다음 어휘와 표현을 알아봅시다.

| 매립 가스 | 침출수 | 멸종 위기종 | 서식하다 |

2 다음 글을 읽으면서 각 단락의 주제문을 찾아봅시다.

월드컵 생태공원을 가다

서울 상암동에 위치한 난지도에는 아름다운 경관으로 유명한 월드컵공원이 자리 잡고 있다. 지난 9월 방문한 월드컵공원은 황금빛 억새와 푸른 하늘로 그림 같은 경관을 이루고 있었다. 이 아름다운 풍경에 익숙한 사람들은 원래 이곳이 쓰레기 매립장이었다는 사실을 상상조차 할 수 없을 것이다.

과거 이곳은 1978년부터 15년간 서울의 생활 쓰레기, 산업 폐기물 등이 매립됐던 곳이었다. 1993년 당시 이곳은 쓰레기 더미의 높이가 95m에 이르렀다고 한다. 이곳을 쓰레기 매립장으로 계속 운영하자니 매립 공간이 부족하고 그대로 방치하자니 각종 환경 오염을 일으킬 가능성이 높은 상태였다. 그래서 서울시는 이곳을 생태공원으로 바꿔 2002년 5월 '월드컵공원'이라는 이름으로 개원하였다.

월드컵공원을 한강 쪽에서 바라보면 저곳이 한때는 쓰레기 산이었나 싶을 정도로 달라졌다. 공원을 직접 걸어 보면 더욱 그렇다. 숲이 울창하고 새 소리가 들린다. 심지어 '멸종 위기종'도 간혹 보인다. 어떤 생명도 살지 못했던 곳에 이처럼 다양한 동물이 서식한다는 것은 생태계가 회복되었다는 의미일 것이다.

1 ( )

2 ( )

3 ( )

읽고 쓰기

그러나 산책로를 걷다 보면 발밑에 쓰레기가 묻혀 있다는 사실을 실감하게 된다. 곳곳에 매립 가스를 모으는 시설이 보이기 때문이다. 매립된 쓰레기에서 발생하는 매립 가스는 대기 오염의 주범으로 지목되고 있는데 월드컵공원에서는 이 매립 가스를 모아 전력을 생산하고 있다. 또한 매립 가스와 함께 환경 오염의 주원인이었던 침출수 역시 처리 과정을 거쳐 에너지원으로 활용하고 있다. 쓰레기가 썩으면서 발생하는 침출수는 평균 15~20도 정도로 온도가 일정해 건물의 냉·난방 에너지원으로 활용 가능한 것이다. 이러한 처리 방식은 월드컵공원의 생태공원으로서의 면모를 잘 보여준다.

4 ( )

월드컵공원을 둘러보다 보니 어느덧 날이 저물어 한강이 노을에 물들고 있다. 월드컵공원의 아름다운 경관은 우리에게 환경 오염 시설을 어떻게 바꿔 나가야 할지에 대한 방향을 제시하고 있는 듯하다.

5 ( )

🔍 각 단락의 주제문을 찾아봅시다.

㉮ 쓰레기 매립장이었던 곳을 생태공원으로 조성했다.
㉯ 멸종 위기종을 볼 수 있을 정도로 난지도의 생태계가 회복되었다.
㉰ 월드컵공원은 우리에게 환경 오염 문제의 해결 방향을 알려주고 있다.
㉱ 월드컵공원은 서울의 난지도에 위치해 있으며 아름다운 경관으로 유명하다.
㉲ 공원 아래 매립된 쓰레기에서 발생하는 환경 오염 물질을 에너지원으로 활용하고 있다.

ℹ️ 참고하기

1) 그림 같은 경관을 이루다   경치가 그림처럼 아름답다
   예 서울은 빌딩숲과 전통 건축물이 어울려 그림 같은 경관을 이루는 도시다.

2) ~(으)로서의 면모를 잘 보여주다   자격이나 위상에 걸맞는 모습을 잘 보여주다
   예 그 선수는 결승골을 넣어 세계적인 수준의 선수로서의 면모를 잘 보여줬다.

3) 날이 저물다   해가 져서 어두워지다
   예 어렸을 때는 하루 종일 밖에서 놀다가 날이 저물어서야 집에 들어가곤 했다.

읽고 쓰기

3 다음 질문에 대답해 봅시다.

1) 과거 난지도는 어떤 모습이었습니까?

2) 난지도 쓰레기 매립장이 월드컵공원으로 바뀌게 된 계기는 무엇이었습니까?

3) 난지도 쓰레기 매립장이 공원화되면서 나타난 생태계의 변화는 무엇입니까?

4) 월드컵공원 아래 묻혀 있는 쓰레기에서 발생하는 환경 오염 물질 두 가지는 무엇이며, 이를 각각 어떻게 활용하고 있습니까?

5) 월드컵공원을 탐방한 후 글쓴이는 어떤 느낌을 받았습니까?

4 다음 표현으로 주제문을 연결하여 글을 요약해 봅시다.

| 또한 | 이후 | 원래 | 이처럼 |

요약하기

5 월드컵공원에 대해서 더 알아봅시다.

🔍 **월드컵공원**

- 2002년 한일 월드컵을 기념하여 조성되었으며 평화의 공원을 비롯하여 하늘공원, 노을공원, 난지천공원, 난지한강공원의 5개 테마공원으로 구성되었다. 10월에 열리는 '억새축제'가 유명하다.
- 교통: 6호선 월드컵경기장역 1번 출구
- 입장료: 무료
- 공원 내 시설: 캠핑장, 축구장, 골프장 등

읽고 쓰기

6 윗글의 구조를 알아봅시다.

도입	탐방 대상 제시
	• 서울 상암동에 위치한 난지도에는 아름다운 경관으로 유명한 월드컵공원이 자리 잡고 있다.
	현장 묘사
	• 지난 9월 방문한 월드컵공원은 황금빛 억새와 푸른 하늘로 그림 같은 경관을 이루고 있었다.

전개	정보 제시 ①: 월드컵공원의 역사
	• 과거 이곳은 1978년부터 15년간 서울의 생활 쓰레기, 산업 폐기물 등이 매립됐던 곳이었다.
	• 1993년 당시 이곳은 쓰레기 더미의 높이가 95m에 이르렀다고 한다.
	현장 보고
	• 저곳이 한때는 쓰레기 산이었나 싶을 정도로 달라졌다.
	• 공원을 직접 걸어 보면 더욱 그렇다.
	• 이처럼 다양한 동물이 서식한다는 것은 생태계가 회복되었다는 의미일 것이다.
	정보 제시 ②: 월드컵공원의 생태공원으로서의 면모
	• 산책로를 걷다 보면 발밑에 쓰레기가 묻혀 있다는 사실을 실감하게 된다.
	• 이는 월드컵공원의 생태공원으로서의 면모를 잘 보여준다.

마무리	현장 묘사
	• 월드컵공원을 둘러보다 보니 어느덧 날이 저물어 한강이 노을에 물들고 있다.
	시사점 제시
	• 월드컵공원의 아름다운 경관은 우리에게 환경 오염 시설을 어떻게 바꿔 나가야 할지에 대한 방향을 제시하고 있는 듯하다.

읽고 쓰기

7 윗글의 구조를 참고하여 탐방 기사를 써 봅시다.

> **탐방 기사란?**
> 특정 장소를 탐방한 후에 작성하는 기사문으로, 현장감을 살려서 쓴다는 특징이 있다.

1) 주제 정하기

_____을/를 가다

2) 개요 짜기

도입	탐방 대상 제시
	현장 묘사

전개	정보 제시 ①
	현장 보고
	정보 제시 ②

마무리	현장 묘사
	시사점 제시

3) 작문하기

4) 자기 평가와 수정하기

체크리스트	네	아니요
❶ 글의 주제가 잘 드러나는가?	☐	☐
❷ 도입, 전개, 마무리로 단락이 잘 나누어졌는가?	☐	☐
❸ 탐방 기사의 구조를 잘 갖추고 있는가?	☐	☐
❹ 글의 주제에 맞는 고급의 어휘와 표현을 사용하였는가?	☐	☐
❺ 문장의 호응과 시제, 맞춤법이 정확한가?	☐	☐

주제 토론

1 현재 선진국과 개발도상국은 환경 문제를 둘러싸고 갈등을 겪고 있습니다. 다음을 참고하여 이에 대해 어떻게 생각하는지 자신의 의견을 말해 봅시다.

1) 다음 뉴스 자료를 확인해 봅시다.

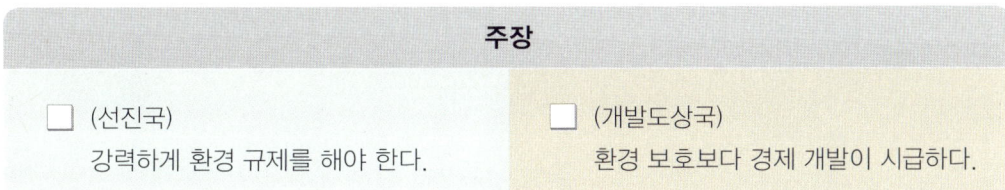

사례

온실가스 감축, 선진국-개도국 '동상이몽'

2) 어떤 주장이 합리적인지 생각해 보고 자신의 입장을 정해 봅시다.

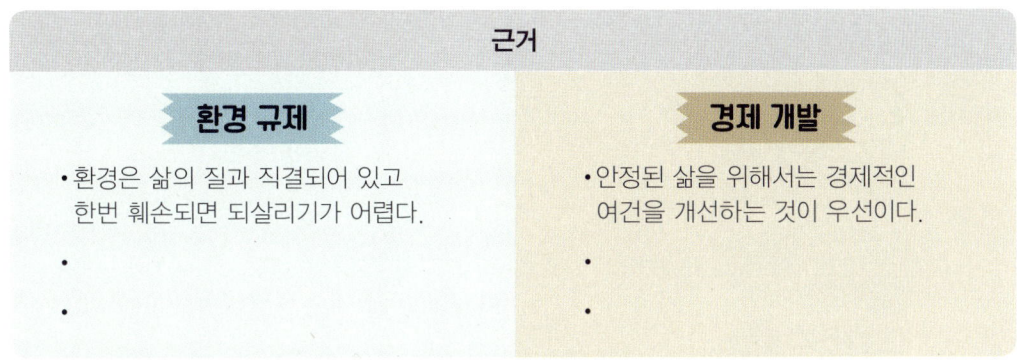

주장

☐ (선진국)
강력하게 환경 규제를 해야 한다.

☐ (개발도상국)
환경 보호보다 경제 개발이 시급하다.

3) 주장의 근거를 찾아서 정리해 봅시다.

근거

환경 규제
- 환경은 삶의 질과 직결되어 있고 한번 훼손되면 되살리기가 어렵다.
-
-

경제 개발
- 안정된 삶을 위해서는 경제적인 여건을 개선하는 것이 우선이다.
-

4) 다음 표현을 사용하여 환경 규제와 경제 개발에 대해 토론해 봅시다.

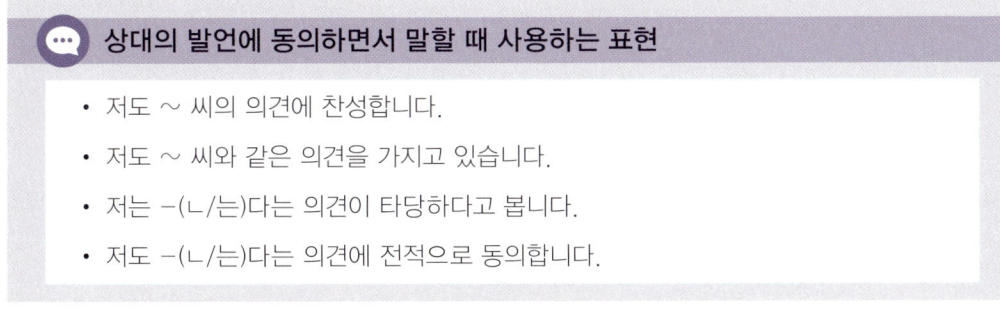

💬 상대의 발언에 동의하면서 말할 때 사용하는 표현

- 저도 ~ 씨의 의견에 찬성합니다.
- 저도 ~ 씨와 같은 의견을 가지고 있습니다.
- 저는 -(ㄴ/는)다는 의견이 타당하다고 봅니다.
- 저도 -(ㄴ/는)다는 의견에 전적으로 동의합니다.

4

1 발표문 구성에 따른 발표 표현에 대해서 알아봅시다.

1) 발표문의 구성

시작 인사 → 주제 소개 → 목차 소개 → 내용 소개 → 마무리 인사

2) 구성 단계별 발표 표현 예시

주제 소개	• 오늘/이번 시간에 제가 발표할 주제는 ~입니다. • 오늘/이번 시간에 저는 ~을 주제로 삼았습니다. • 오늘/이번 시간에 저는 ~에 대해서 발표하고자 합니다. • 오늘/이번 시간에 저는 ~을 중심으로 말씀드리겠습니다.

목차 소개	• 오늘 발표에서는 먼저 ~에 대해 말씀드리겠습니다.
	  그 다음으로 ~에 대해 말씀드리고자 합니다.
	  마지막으로 ~을 제시하는 순으로 발표하겠습니다.
	• 오늘 발표할 내용은 크게 세 가지로 나누어 볼 수 있습니다.
	  먼저 … , 둘째로 … , 마지막으로 … ~에 대해 말씀드리고자
	  합니다.

내용 소개	• 설명하기: 좀 더 자세히 설명드리면 • 비교·대조하기: 이에 반해/이와는 달리/-는 반면에 • 예시·인용하기: 보시다시피/예를 들자면/~에 따르면 • 자료 출처 밝히기: 발표문에 사용된 자료의 출처는

3) 내용 구분을 위한 발표 표현 예시

- 우선, 먼저, 지금부터, 첫 번째로
- 다음은, 다음으로는, 다음에는, 이어지는 내용은, 두 번째로
- 그리고, 또한, 마지막으로

학술적 말하기

2 한국의 환경 정책을 알아보고 세계 각국의 환경 문제 해결을 위한 노력을 소개해 봅시다.

1) 한국의 환경 정책에 대해 알아봅시다.

나라	온실가스 배출권 거래제	설명
한국		2015년에 도입된 제도로서, 온실가스를 배출하는 기업이나 사업주에게 배출한 만큼의 가격을 지불하게 하자는 취지로 마련되었다. 기업이나 사업주는 자신들의 온실가스 배출량에 맞춰 정부에서 발행하는 '온실가스 배출권'을 구매하여야 한다.

2) 세계 각국의 환경 문제 해결을 위한 노력을 소개해 봅시다.

- 표현을 알아봅시다.

	표현	
시기	에 생기다/만들어지다/도입되다/마련되다	
목적	야생 동식물 보호, 멸종 위기종 보호, 생태계 보전, 자원 재활용, 폐기물 처리, 분리 배출 강화 온실가스 감축	-자는 취지로 마련된 제도이다 -자는 취지에서 도입된 제도이다
내용	을/를 발행하다 을/를 확충하다 을/를 장려하다	보조금을 지원하다 세금/벌금을 부과하다 관리·감독을 강화하다

- 내용을 정리해서 발표해 봅시다.

TIP
인터넷의 내용을 그대로 인용하지 말고, 청중들이 이해할 수 있는 수준으로 정리한다.

학술적 글쓰기

1 문헌 연구 방법에 대해 알아봅시다.

- 문헌 연구란 보고서 작성을 위해 서적, 논문, 기사, 인터넷 사이트 등의 자료를 검색해서 필요한 정보를 얻는 것을 말한다.
- 문헌 연구를 통해 얻은 자료를 보고서에 쓸 때는 반드시 출처를 밝혀야 한다.
- 참고한 자료를 활용하여 보고서를 작성할 때 자료의 내용을 그대로 베끼지 말고 자신의 말로 바꿔서 써야 한다.

2 인터뷰 방법에 대해 알아봅시다.

1) 인터뷰 절차

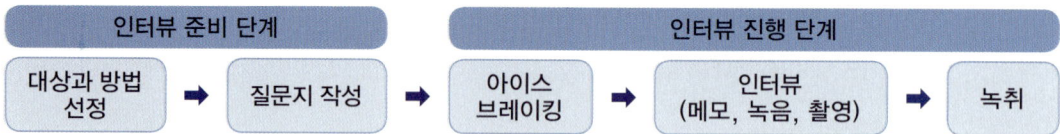

2) 인터뷰 준비 단계

① 인터뷰 대상과 방법 선정
- 인터뷰 주제와 관련해 정보나 지식을 많이 갖고 있는 사람을 인터뷰 대상으로 선정한다.
- 대면 인터뷰, 전화 인터뷰, 서면 인터뷰 중에서 방법을 선정한다.

② 질문지 작성
- 인터뷰를 통해 얻고자 하는 내용으로 질문을 작성한다.
- 추상적이거나 너무 뻔한 대답이 나올 가능성이 높은 질문은 피한다.
- 질문의 순서는 '포괄적 질문 → 세부적 질문', '세부적 질문 → 포괄적 질문'의 유형 중 하나를 선택하여 정한다.

3) 인터뷰 진행 단계

- 본격적으로 인터뷰를 진행하기 전 가벼운 대화를 통해 '아이스 브레이킹(ice-breaking)' 과정을 거치는 것이 좋다.
- 인터뷰를 진행하는 동안 메모나 녹음, 촬영 등의 방법을 통해 인터뷰 내용을 기록한다.
- 인터뷰가 끝난 후에는 '녹취' 과정을 거쳐 인터뷰 내용을 글로 옮긴다. 이때 모든 내용을 다 옮길 필요는 없고, 중요 내용 위주로 요약하여 작성한다.

3 설문지 작성 방법에 대해 알아봅시다.

1) 설문지 작성 절차

연구에 필요한 정보 파악 ➡ 질문 내용과 질문 유형 결정 ➡ 질문 순서 결정

① 연구에 필요한 정보 파악
- 설문 조사를 통해 얻고자 하는 내용이 무엇인가?
- 어떤 내용의 답변을 얻어서 분석할 것인가?

② 질문 내용과 질문 유형 결정
　가. 질문 내용 구성 방법
- 꼭 필요한 질문으로만 구성해야 하며, 응답자가 효과적으로 답변할 수 있도록 구성한다.
- 불필요한 개인 정보나 사회적으로 민감한 질문은 피해야 한다.

　나. 질문 유형
- 개방형 질문(주관식)

> **예**　Q. 귀하의 연령은?　(　　　)세

장점: 새로운 사실이나 의견을 얻기 쉬움/의견을 비교적 정확히 파악할 수 있음
단점: 시간이 오래 걸림/정리와 분류가 어려움/주관적으로 해석될 수 있음

- 폐쇄형 질문(객관식)

> **예**　Q. 귀하의 연령은 어디에 해당되십니까?
> 　　① 20세 이상 30세 미만　　② 30세 이상 40세 미만
> 　　③ 40세 이상 50세 미만　　④ 60세 이상

장점: 응답 처리가 쉬움/해석이 쉬움/응답자가 대답하기 쉬움
단점: 응답자가 원하는 답변이 설문지 질문 항목에 없을 수 있음

2) 설문지 작성 시 유의점
- 응답자가 이해하기 쉬운 용어로 명확하게 표현한다.
- 두 가지 내용을 하나의 질문에 포함시키지 않도록 조심해야 한다.

3) 설문지 표지 작성
- 설문 조사를 하기에 앞서 설문지를 작성해 주는 응답자들에게 이 연구가 무슨 목적으로 진행되는지, 어느 기관에서 진행하는 것인지 간단하게 알린다. 설문지의 큰 제목은 연구 주제를 바로 알 수 있는 내용으로 작성하는 것이 좋다.

> **설문지 표지 예시**　　성형 수술에 대한 한국인의 인식 조사
>
> 　안녕하십니까? 저는 한양대학교 국제교육원에서 한국어를 공부하고 있는 유학생입니다. 본 설문지는 한국어 수업의 일환으로 '성형 수술에 대한 한국인의 인식'을 통해 한국 사회의 현상과 문화를 알아보기 위한 것입니다.
> 　본 설문지는 연구용으로만 사용될 것이며 응답하신 내용은 철저하게 비밀이 보장됩니다. 바쁘시더라도 성의껏 답변해 주시면 감사하겠습니다.
>
> 　　　　　　　　　　　　　　　　　　한양대학교 국제교육원 고급○반 ○○○
> 　　　　　　　　　　　　　　　　　　e-mail: *****@****.com

4 한국의 민속

학습 목표
한국의 민속을 이해하고 출신 지역의 민속을 소개할 수 있다.

학습 내용

1
- 도입 | 한국의 민간 신앙
- 어휘와 표현 | 사라져 가는 미풍양속
- 대화문 | 한국의 가택신과 풍속

2
- 문법과 표현 | ① -(이)라면
  ② -(으)련만
  ③ -아/어서야
- 듣고 말하기 | ① 세찬의 의미
  ② 봄맞이 풍속, 삼짇날

3
- 읽고 쓰기 | 한국의 정형시, 시조
- 주제 토론 | 풍습의 원형 보존과 변화

4
- 학술적 말하기 | 언어적 요소와 비언어적 요소
- 학술적 글쓰기 | 목차 및 서론 쓰기

MP3 Streaming

1 한국의 민간 신앙에 대해서 이야기해 봅시다.

가신 신앙

조상신, 가택신

마을 신앙

서낭신

무속 신앙

토속 신

2 현대에 남아 있는 한국의 민간 신앙에 대해서 이야기해 봅시다.

| 금기 | 풍수 | 무속 |

- 이사할 날과 방향을 가린다.
- 집터나 묏자리를 신중히 정한다.
- 집안의 큰일을 무당과 상의하기도 한다.

 직접 경험해 본 민간 신앙에 대해 이야기해 봅시다.

어휘와 표현

1 다음 표현을 사용하여 세계 각국의 사라져 가는 미풍양속에 대해서 말해 봅시다.

사라져 가는 미풍양속

숭배하다
신성하다

정성을 다하다
소홀히 여기다

사라지다
자취를 감추다

> 한국에서는 집안을 지켜주는 **신성한** 존재가 있다고 믿고 이들을 **숭배했다**. 사람들은 이 존재를 가택신이라 부르고 **정성을 다해** 모셨다. 그러나 과거의 풍속들이 하나둘 **사라지면서** 가택신을 모시는 일도 **소홀히 여기게** 되었고 가택신과 관련된 미풍양속도 **자취를 감추게** 되었다.

2 다음 표현을 사용하여 상황에 맞게 이야기해 봅시다.

표현	상황
• 꿈만 같다 • 악몽 같다	가: 한국에서의 유학 생활이 어땠어요? 나: _____.
• 볼품없다 • 보잘것없다	가: 시계가 낡을 대로 낡았는데 새로 사지 그래요? 나: _____.
• 눈 밖에 나다 • 눈에 들다	가: 직장 상사하고는 잘 지내고 있나요? 나: _____.
• 액운을 없애다 • 안녕을 기원하다	가: 옛날에는 중요한 일을 앞두고 꼭 해야 하는 일이 있었다면서요? 나: _____.

대화문

1 다음 대화문을 듣고 한국의 가택신과 풍속에 대해서 이야기해 봅시다.

다니엘: 사극에서 한옥을 많이 보긴 했지만 이렇게 직접 *한옥 체험을 하다니 꿈만 같아요. 근데 저 위에 작은 항아리는 왜 장독대가 아니라 저기에 놓아둔 거죠?

*서울한옥포털

선생님: 저건 *신줏단지예요. 옛날에는 집 안 곳곳에 그곳을 관장하는 가택신이 있다고 믿고 이들을 숭배했어요. 신줏단지는 가택신 중에서 가장 지위가 높은 성주신을 모신 곳이에요.

*신줏단지
신줏단지 모시듯 하다

다니엘: 볼품없어 보이던데, *보통 물건이 아니었군요. 근데 성주신 말고 또 어떤 신들이 있었나요?

*보통 물건이 아니다
특별한 물건이다

선생님: 부엌에는 조왕신, 변소에는 측신, 대문에는 문왕신이 있다고 믿었어요.

다니엘: 일상적인 장소에 자리 잡은 신들이라니, 정말 흥미로운데요. 신들은 *왠지 신성한 장소에만 있을 듯한데 말이죠.

*왠지(o),
웬지(x)

선생님: 옛사람들은 가택신들을 어떻게 모시느냐에 따라 길흉화복이 정해진다고 해서 신들의 눈 밖에 나지 않기 위해 정성을 다했어요. 또 *집안에 안 좋은 일이 생기면 신을 모시는 일을 게을리한 탓이라 여겨서 무당을 불러다가 굿을 하기도 했고요.

*집안
≠ 집 안

다니엘: 아, 굿이라면 드라마에서 봤던 기억이 나요. 그런데 요즘에도 이런 풍습이 남아 있나요?

선생님: 거의 사라졌다고 해도 과언이 아니죠. 개업처럼 중요한 일을 시작할 때 액운을 없애고 안녕을 기원하는 마음으로 *고사를 지내는 풍습은 남아 있어요. 이런 전통이 잘 보존되면 좋으련만 생활 속의 세시풍속까지 점차 사라지고 있으니 안타까울 뿐이에요.

*고사

다니엘: 오랜 세월 동안 유지되었던 풍속들이 하나둘 자취를 감추는 걸 보면 안타까운 마음이 커요. 현대적인 것도 좋지만 미풍양속을 소홀히 여겨서야 어디 되겠어요?

대화문

2 다음 질문에 대답해 봅시다.

1) 다니엘 씨가 본 작은 항아리의 이름과 용도는 무엇입니까?

2) 다니엘 씨가 가택신에 대해서 흥미를 느낀 이유는 무엇입니까?

3) 옛사람들이 가택신을 정성을 다해 모신 이유는 무엇입니까?

4) 현대인들이 중요한 일을 앞두고 고사를 지내는 이유는 무엇입니까?

5) 선생님과 다니엘 씨가 안타깝게 생각하고 있는 것은 무엇입니까?

3 발음과 억양에 유의하면서 다음 문장을 읽어 봅시다.

1) **신줏단지는** 가택신 중에서 가장 지위가 높은 성주신을 모신 곳이에요.

2) **부엌에는** 조왕신, 변소에는 **측신**, 대문에는 **문왕신**이 있다고 믿었어요.

3) **굿이라면** 드라마에서 **봤던** 기억이 나요.

4 세시풍속에 대해서 알아봅시다.

세시풍속

해마다 일정한 시기에 되풀이하여 행해 온 고유의 풍속을 말한다. 대표적인 세시풍속으로는 설(음력 1월 1일), 정월 대보름(음력 1월 15일), 단오(음력 5월 5일), 삼복(음력 6월), 추석(음력 8월 15일), 섣달그믐(음력 12월 30일경)의 풍속들이 있다.

대화문

5 함께 이야기해 봅시다.

1) 성주신에 대해 알아보고 세계 각 지역의 토속신을 소개해 봅시다.

🔍 성주신

성주신은 인간과 함께 공존하며 집을 지켜주는 가택신 중에 가장 높은 신이다. 다른 가택신과는 달리 하늘에서 내려온 신으로 인간에게 처음으로 집 짓는 법을 가르쳐 주었기 때문에 집을 지키는 신이 되었다고 한다.

출처: 한국학중앙연구원

2) 정월 대보름에 대해 알아보고 세계 각 지역의 세시풍속을 소개해 봅시다.

🔍 정월 대보름

설날이 지나고 첫 보름달이 뜨는 날로 음력 1월 15일에 해당한다. 예로부터 달은 풍요로움의 상징이었기에 이날의 풍속에는 한 해의 안녕과 평안을 바라는 마음이 담겨 있다. 대표적인 세시풍속에는 오곡밥 먹기, 부럼 깨기, 더위팔기, 쥐불놀이 등이 있다.

🏠 필요한 정보를 찾아서 메모해 봅시다.

심화 표현

1 다음 어휘를 알아봅시다.

1) 장독대(醬독臺): 장독을 놓아두려고 높직하게 만들어 놓은 곳

'대(臺)'는 물건을 떠받치거나 올려놓는 데 사용하는 받침을 나타내는 한자어이다. 받침 위에 올라가는 물건의 이름이나 받침의 기능을 나타내는 어휘와 함께 사용한다.

예) 무대, 등대, 화장대, 전망대

💬 다음 신문 기사의 제목을 보고 내용을 말해 봅시다.

> **한양 신문**　　　　　　　　　　　　　　　20XX.XX.XX
> 연휴 맞아 관광객 발길 이어지는 <u>통일 전망대</u>

2) 길흉화복(吉凶禍福): 좋은 일과 나쁜 일, 행복한 일과 불행한 일

'흉(凶)'은 보기에 안 좋거나 나쁜 운수를 나타내는 한자어이다. 구덩이에 빠진 사람이나 짐승을 형상화한 글자이다.

예) 흉기, 흉년, 흉가, 흉악범

💬 다음 신문 기사의 제목을 보고 내용을 말해 봅시다.

> **한양 신문**　　　　　　　　　　　　　　　20XX.XX.XX
> 최악의 <u>흉년</u>, 인재인가 천재인가

2

1 -(이)라면

- 어떤 화제에 대해 소개하거나 설명할 때 사용한다.
- 명사에 붙여 사용한다.
- 앞 절에는 소개하고자 하는 것을 적고, 뒤 절에는 그것을 들었을 때 연상되는 것, 대표적이거나 유명한 것, 개인적인 경험 등을 적는다.

예문
- 설날이라면 떡국과 세뱃돈이 먼저 떠오른다.
- 한국 음식이라면 무엇보다 김치를 손꼽는다.

1 다음을 '-(이)라면'을 사용하여 연결해 봅시다.

1) 야식 • • ㈎ 강원도 산간 지역이 떠오른다.
2) 폭설 • • ㈏ 효과가 있다는 건 모조리 해 보았다.
3) 수학 • • ㈐ 뭐니 뭐니 해도 치킨에 맥주가 최고다.
4) 다이어트 • • ㈑ 학창 시절에 제일 자신 있는 과목이었다.

2 '-(이)라면'을 사용하여 그 단어를 들었을 때 떠오르는 것으로 문장을 만들어 봅시다.

문법과 표현

2 -(으)련만

급속한 현대화로 사라지는 미풍양속이 적지 않대요.

미풍양속이 잘 계승되면 좋으련만, 안타깝네요.

- 기대하는 것이 이루어질 수 없음을 말할 때 사용한다. 가정을 나타내는 '-(으)면', '-다면'과 함께 사용한다.
- 동사 형용사에 붙여 사용한다.
- 앞 절에는 바라는 것을 적고 뒤 절에는 그것과 상반되는 실제 사실을 적는다.

예문
- 명절에 온 가족이 모이면 좋으련만 다들 바빠서 얼굴 보기도 힘들다.
- 날씨가 화창했다면 민속촌에 갔으련만 온종일 비가 내려서 못 갔다.

1 다음을 '-(으)련만'을 사용하여 연결해 봅시다.

1) 시간이 되면 참석하다 • • ㈎ 늘 꾸물거리다가 지각한다.

2) 서두르면 지각하지 않다 • • ㈏ 취업하기가 하늘의 별 따기다.

3) 원하는 회사에 들어가면 좋다 • • ㈐ 아무리 애를 써도 짬이 안 난다.

4) 치료를 잘 받았다면 완치됐다 • • ㈑ 건강 관리를 소홀히 하다 보니 전혀 차도가 없다.

2 '-(으)련만'을 사용하여 바람이 이루어지지 않아 아쉬움을 나타내는 문장을 만들어 봅시다.

문법과 표현

3 -아/어서야

> 저런 건 다 미신이야.

> 전통 문화를 미신으로 여기고 무시해서야 어디 되겠어?

- 어떤 행위를 비난하거나 불평할 때 사용한다.
- 동사에 붙여 사용한다.
- 앞 절에는 하면 안 되는 행동 혹은 바람직하지 않은 상황을 적고 뒤 절에는 앞 절의 행동이나 상황으로 초래될 수 있는 부정적인 일을 적는다. 보통 뒤 절은 수사 의문문의 형태를 띤다.

예문
- 문화재 관리가 이렇게 허술해서야 어디 되겠어요?
- 이렇게 절차가 복잡해서야 누가 제사를 지내려고 하겠어?

1 다음을 '-아/어서야'를 사용하여 연결해 봅시다.

1) 교실이 이렇게 덥다 · · (가) 공부할 수 있겠어?

2) 물가가 이렇게 치솟다 · · (나) 졸업을 할 수 있겠어요?

3) 공부를 그렇게 소홀히 하다 · · (다) 어디 생활할 수 있겠는가?

4) 세시풍속에 이렇게 무관심하다 · · (라) 전통 문화를 계승, 발전시킬 수 있겠는가?

2 '-아/어서야'를 사용하여 비난, 불평하는 문장을 만들어 봅시다.

심화 표현

1 다음 한자성어를 알아봅시다.

1) 가화만사성(家和萬事成)

집안이 화목하면 모든 일이 잘 이루어진다는 뜻으로, 어떤 일보다도 집안의 화목이 중요하다는 것을 나타낸다.

예) 가화만사성이라더니 가족이 화목하니 모든 일이 순조롭다.

다음 신문 기사의 제목을 보고 내용을 말해 봅시다.

> **한양 신문** 20XX.XX.XX
> "집이 편해야 일도 잘해", 기업에서도 '가화만사성' 경영

2) 인과응보(因果應報)

지은 죄가 있으면 반드시 벌을 받고 착한 일을 하면 보답을 받게 된다는 뜻으로, 불교에서 유래한 용어이다. 모든 일에는 결과가 뒤따르니 행동을 조심하라는 의미로 사용되기도 한다.

예) 이상 기후 현상은 자연을 훼손해 온 것에 대한 인과응보이다.

다음 신문 기사의 제목을 보고 내용을 말해 봅시다.

> **한양 신문** 20XX.XX.XX
> 학교 폭력의 인과응보, 유명 스포츠 스타의 몰락

듣고 말하기 1

1 듣기 활동을 하기 전에 함께 이야기해 봅시다.

1) 세계 각국에서 새해에 먹는 음식들을 소개해 봅시다.

출처: https://blog.naver.com/museok27

2) 한국의 민속과 관련 있는 어휘들을 서로 연결해 봅시다.

무병장수	가래떡	조롱박	차례
쌀농사	건강	조상을 모시다	잡귀를 쫓다

2 내용을 듣고 문제를 풀어 봅시다.

1) 떡국에 대한 설명으로 맞으면 O, 틀리면 X 하십시오.

① 무병장수와 부를 바라는 마음으로 만들었던 음식이다. (   )

② 설음식 중에서 가장 일반적으로 많이 먹었던 음식이다. (   )

③ 지역을 불문하고 떡국의 재료와 모양은 서로 다르지 않았다. (   )

④ 북쪽 지방에서는 쌀농사를 많이 짓지 않아 만둣국을 먹었다. (   )

2) 다음 음식에 담긴 의미를 각각 바르게 연결하십시오.

① 흰떡 • • ㉠ 재물이 쌓임

② 동전 모양의 떡 • • ㉡ 복을 싸서 가져옴

③ 조롱이 떡 • • ㉢ 깨끗한 한 해의 시작

④ 만두 • • ㉣ 잡귀를 물리치고 액운을 막음

3) 설날 어려운 이웃에게 차례 용품을 보냈던 풍습에 담긴 의미는 무엇입니까?

① 동정심   ② 우월감

③ 체면 문화   ④ 공동체 의식

듣고 말하기 1

3 듣기 활동이 끝난 후에, 다음을 참고하여 자신의 생각을 말해 봅시다.

> 한국의 대표적인 세찬인 떡국에는 _____ 바라는 의미가 담겨져 있다.

4 다음을 보고 세계 각국의 설날 풍습을 소개해 봅시다.

🔍 **복조리**
원래 쌀을 씻을 때 사용했던 도구로, 설날에 사서 정월 대보름 때까지 부엌이나 안방, 마루 등의 벽에 걸어 두면 복이 들어온다고 믿었다. 복조리의 값을 깎으면 복이 나간다고 생각해서 구입할 때 흥정을 하지 않았다.

출처: 한국학중앙연구원

🔍 **야광귀**
섣달그믐에 신발을 훔쳐 가는 귀신이다. 이날 신발을 잃어버리면 일 년 내내 불운하다고 여겼기 때문에 이를 막기 위해 체를 대문에 걸어 두었다. 호기심 많은 야광귀가 체의 구멍을 세다가 날이 밝으면 그냥 돌아간다고 믿었다.

ⓘ 참고하기

1) 특별한 의미를 담고 있어서 **눈길을 끈다**.
   관심이나 흥미가 생기게 하다
   예 김치가 항암에 효과가 있다고 하여 눈길을 끌고 있다.

2) **묵은 때**를 씻고 한 해를 깨끗하게 시작하라는 의미
   오래되고 더러운 먼지 따위의 것들, 오래된 액운이나 부정한 것을 의미하기도 함
   예 정상에 올라 일출을 보니 마음의 묵은 때가 씻겨 나가는 듯하다.

3) **잡귀**도 물리치고 **액운**을 막을 수 있다는 믿음**에서 비롯되었다**.
   하찮은 귀신   나쁜 운   처음으로 시작되다
   예 두 사람의 싸움은 사소한 오해에서 비롯되었다.

듣고 말하기 2

1 듣기 활동을 하기 전에 함께 이야기해 봅시다.

1) 봄을 맞이하는 행사나 봄의 풍습에 대해서 이야기해 봅시다.

나들이   화전   동물 점   장 담그기

2) 다음 구어 표현을 알아봅시다.

- 쯧쯧
- 아무렴
- 그러자꾸나
- 몰라도 너무 몰라
- 있고말고

2 내용을 듣고 문제를 풀어 봅시다.

1) 삼짇날에 대한 설명으로 맞으면 O, 틀리면 X 하십시오.

① 동지부터 이날까지 팥죽을 즐겨 먹었다. ( )
② 음력 3월 3일로 봄의 시작을 알리는 날이다. ( )
③ 봄을 맞아 된장, 고추장을 담그곤 했다. ( )
④ 꽃으로 만든 화전을 가지고 나들이를 갔다. ( )

2) 특별히 여자들이 삼짇날을 고대했던 이유는 무엇입니까?

_____

3) 다음 동물이 상징하는 것으로 잘못 짝지어진 것을 고르십시오.

① 뱀 – 흉조   ② 개구리 – 풍년
③ 노랑나비 – 길조   ④ 흰나비 – 부모의 죽음

듣고 말하기 2

3 듣기 활동이 끝난 후에, 다음을 참고하여 자신의 생각을 말해 봅시다.

> 과거 부녀자들이 삼짇날을 손꼽아 기다린 것을 보면 당시 _____
> 것을 알 수 있다.

4 다음을 보고 세계 각국의 운수를 점치거나 액운을 쫓는 풍습을 소개해 봅시다.

🔍 **신년 운세**
연초에는 일 년의 운수를 알아보기 위해 점을 치는 풍습이 있었다. 가장 일반적인 것이 토정비결이었고 설날에 보는 동물이나 그날의 날씨로 운수를 알아보기도 했으며 민속놀이의 하나인 윷놀이로 점을 치기도 했다.

🔍 **동지 팥죽**
동지는 일 년 중 밤의 길이가 가장 긴 날로 이날 팥죽을 끓여 먹었다. 팥죽의 색이 잡귀들이 싫어하는 검붉은 색이어서 대문이나 벽에 뿌리기도 했다. 동지 팥죽에는 찹쌀로 만든 새알심을 넣었는데 가족의 나이 수대로 넣어 끓이는 풍습도 있었다.

ℹ️ **참고하기**

1) 봄의 기운이 **충만하여 장**을 담그면 맛이 좋다고들 믿었고
   　　　　　　가득하다　된장, 고추장, 간장
   📝 그 학생은 장학금을 받겠다는 의지가 충만했다.

2) **바깥출입**이 자유롭지 않았던 **부녀자**들도
   　집 밖을 나다니는 일　　　　결혼한 여자와 성숙한 여자
   📝 독감이 유행하고 있으니 바깥출입을 삼가는 게 좋겠다.

3) 부모님이 돌아가실지도 모르는 나쁜 **징조**라고 해서
   　　　　　　　　　　　　　　어떤 일이 생길 듯할 분위기
   📝 길을 가다가 검은 고양이를 보면 불길한 일이 일어날 징조라고 여겼다.

3

1 읽기 활동을 하기 전에 다음을 확인해 봅시다.

1) 다음 시조에 대한 감상을 이야기해 봅시다.

동창이 밝았느냐 노고지리 우지진다
동쪽 창이 밝아 왔느냐 종달새가 울고 있구나

소 치는 아이는 상기 아니 일었느냐
소를 기르는 아이는 아직도 안 일어났느냐

재 넘어 사래 긴 밭을 언제 갈려 하나니
고개 너머 긴 밭을 언제 갈려고 하느냐

2) 다음 어휘와 표현을 알아봅시다.

| 시가 문학 | 정형시 | 음절 – 어절 – 구 | 함축성 |

2 다음 글을 읽으면서 각 단락의 주제를 찾아봅시다.

한국의 정형시, 시조

시조는 한국의 고전 시가 문학을 대표하면서 현재까지도 계승되고 있는 정형시이다. 시조라는 명칭은 '당시에 유행하던 노래'라는 용어에서 유래하였다. 시조는 고려 말기와 조선 초기에 발생했을 것으로 추정되고 있다.

1 ( )

시조의 형식은 다음의 세 가지로 요약할 수 있다. 먼저 시조는 3장 6구, 45자 내외의 형식을 갖추고 있다. 또 각 장은 4어절로 구성되며 모든 어절은 3음절 혹은 4음절로 이루어진다. 그리고 마지막 장의 첫 어절은 반드시 3음절이어야 하며, 다음 어절은 보통 5~6음절로 구성된다.

2 ( )

조선 전기의 시조는 고려가 망하고 조선이 세워지는 시대적 상황을 반영하여 왕에 대한 충성심과 정치에 대한 생각을 담은 시조가 <u>주를 이루었다</u>. 조선의 건국을 앞두고 태종 이방원이 고려의 충신 정몽주의 <u>마음을 떠보기</u> 위해 지었다는 '하여가'와 이에 대한 답가로 정몽주가 지었다는 '단심가'가 이 당시의 대표적인 시조이다.

3 ( )

조선 후기에는 현실적인 주제로 개인적인 감상을 노래하는 시조들이 다양하게 나타났다. 시조를 향유하는 계층이 평민으로까지 확대되었다는 것도 이 시기의 특징이다. 시조 문학 사상 가장 뛰어난 시인으로 평가되는 윤선도의 '오우가'가 이 시기의 대표적인 시조로 손꼽히는데, 이는 자연의 다섯 가지 벗을 예찬하는 내용으로 구성되어 있다.

④ (　　)

　　시조는 대부분의 문학 작품이 한자로 쓰여지던 당시에 한국말로 노래했다는 점에서 독창성을 인정받고 있다. 이는 시조의 민족주의적인 특징을 보여주는 것이기도 하다. 또한 시조는 45자 내외의 짧은 형식에 높은 함축성을 가지고 있어 문학적 우수성이 돋보인다.

⑤ (　　)

🔍 각 단락의 주제를 찾아봅시다.

㉮ 시조의 형식과 구성　　　　㉱ 조선 후기의 시조의 특징
㉯ 시조의 문학적 가치　　　　㉲ 조선 전기의 시조의 특징
㉰ 시조의 개념과 유래

ⓘ 참고하기

1) 이/가 주를 이루다　대부분 ~(으)로 구성되어 있다
   예 한국의 가요는 아이돌 그룹의 노래가 주를 이루고 있다.

2) 마음을 떠보다　속마음을 슬쩍 알아보다
   예 짝사랑하는 사람에게 영화를 보러 가자고 하면서 마음을 떠보았다.

3) ~ 사상 가장 뛰어나다　역사적으로 가장 뛰어나다
   예 그 선수는 올림픽 사상 가장 뛰어난 선수로 인정받는다.

4) 이/가 ~(으)로 손꼽히다　여럿 중에서 뛰어나다고 여겨지다
   예 그 영화는 세계적인 명화로 손꼽히고 있다.

읽고 쓰기

3 다음 질문에 대답해 봅시다.

1) 시조는 어떤 용어에서 유래했습니까?

2) 시조의 형식 중 반드시 지켜야 하는 규칙은 무엇입니까?

3) 조선 전기 시조의 주요 내용은 무엇이었습니까?

4) 조선 후기 시조가 조선 전기 시조와 다른 점 두 가지는 무엇입니까?

5) 시조의 민족주의적 특징은 무엇입니까?

4 윤선도의 '오우가' 중 달을 예찬한 시조를 감상하고 각 장을 4어절로 나누어 봅시다.

작은 것이 높이 떠서 만물을 다 비추니	초장
밤중의 광명이 너만한 이 또 있느냐	중장
보고도 말 아니하니 내 벗인가 하노라	종장

5 자연을 노래한 오우가에 대해서 알아봅시다.

🔍 **윤선도와 오우가**

오우가는 조선 시대 후기의 유학자 윤선도가 유배지에서 돌아와 휴식기를 가지고 있을 때 지었던 시조이다. 오우가는 '다섯 벗에 대한 노래'라는 뜻으로 물, 돌, 소나무, 대나무, 달을 예찬하는 시조이다.

읽고 쓰기

6 시조를 감상하고 시조의 형식과 구조를 알아봅시다.

1) 이방원 '하여가'

이런들	어떠하리	저런들	어떠하리	초장
3~4음절	3~4음절	3~4음절	3~4음절	
1어절	2어절	3어절	4어절	
1구		2구		
만수산	드렁칡이	얽혀진들	어떠하리	중장
3~4음절	3~4음절	3~4음절	3~4음절	
1어절	2어절	3어절	4어절	
3구		4구		
우리도	이같이 얽혀져	백 년까지	누리리라	종장
3음절	5~6음절	3~4음절	3~4음절	
1어절	2어절	3어절	4어절	
5구		6구		

2) 정몽주 '단심가'

이 몸이	죽고 죽어	일백 번	고쳐 죽어	초장
3~4음절	3~4음절	3~4음절	3~4음절	
1어절	2어절	3어절	4어절	
1구		2구		
백골이	진토 되어	넋이라고	있고 없고	중장
3~4음절	3~4음절	3~4음절	3~4음절	
1어절	2어절	3어절	4어절	
3구		4구		
임 향한	일편단심이야	가실 줄이	있으랴	종장
3음절	5~6음절	3~4음절	3~4음절	
1어절	2어절	3어절	4어절	
5구		6구		

읽고 쓰기

7 시조의 형식과 구조를 참고하여 시조를 지어 봅시다.

1) 주제 정하기

2) 시조 짓기

3~4음절	3~4음절	3~4음절	3~4음절	초장
1어절	2어절	3어절	4어절	
1구		2구		
3~4음절	3~4음절	3~4음절	3~4음절	중장
1어절	2어절	3어절	4어절	
3구		4구		
3음절	5~6음절	3~4음절	3~4음절	종장
1어절	2어절	3어절	4어절	
5구		6구		

3) 자기 평가와 수정하기

📋 **체크리스트**　　　　　　　　　　　　　네　아니요
❶ 시조의 주제가 잘 드러나는가?　　　　　□　□
❷ 초장, 중장, 종장으로 잘 나누어졌는가?　□　□
❸ 시조의 형식을 잘 갖추고 있는가?　　　　□　□
❹ 시조의 주제에 맞는 고급의 어휘와 표현을 사용하였는가?　□　□
❺ 문장의 호응과 시제, 맞춤법이 정확한가?　□　□

주제 토론

1 예로부터 내려오는 풍습을 어떤 방식으로 계승하는 것이 좋은지에 대해 상반된 주장이 있습니다. 다음을 참고하여 이에 대해 어떻게 생각하는지 자신의 의견을 말해 봅시다.

1) 다음 뉴스 자료를 확인해 봅시다.

사례

명절에 모이기 힘들면 다른 주말에 만날까?

2) 어떤 주장이 합리적인지 생각해 보고 자신의 입장을 정해 봅시다.

주장	
☐ 풍습은 원형 그대로 유지해야 한다.	☐ 풍습은 시대에 맞춰 바꿔 나가야 한다.

3) 주장의 근거를 찾아서 정리해 봅시다.

근거	
유지	**변화**
• 형식에 담겨 있는 의미도 내용 못지않게 중요하다. • •	• 현대 사회에 맞춰 나가야 명맥을 유지할 수 있다. • •

4) 다음 표현을 사용하여 풍습의 원형 보존과 변화에 대해 토론해 봅시다.

> 💬 **다른 사람의 의견에 덧붙여서 설명할 때 사용하는 표현**
>
> • ~ 씨 의견에 추가할 게 있습니다.
> • ~ 씨 의견에 덧붙여 말할 게 있습니다.
> • ~에 대해 첨언하도록 하겠습니다.
> • ~에 대해 좀 더 자세히 말씀드리겠습니다.

4

1 발표 시 고려해야 할 언어적 요소와 비언어적 요소에 대해서 알아봅시다.

1) 언어적 요소

발음 및 억양	정확한 발음과 자연스러운 억양으로 발표해야 전달력이 높아진다.
문법과 표현	발표의 격식에 맞는 문법과 표현을 사용한다.
발표 내용과 진행	발표 내용과 진행 표현 및 자료 소개 표현을 숙지한다.

2) 비언어적 요소

시선 및 표정	자신 있는 표정을 유지하고 청중들과 고르게 눈을 맞춘다.
제스처 및 태도	바른 자세를 유지하고 상황에 맞는 제스처를 사용한다.
말의 속도와 크기	적당한 크기와 속도로 말을 하고 상황에 따라 변화를 준다.

3) 자료 소개 표현 예시

시작 안내	• [자료/표/사진/그림/PPT]를 보면서 말씀드리겠습니다. • [자료/표/사진/그림/PPT]를 봐 주시기 바랍니다.
자료 소개	• 이 [사진]은 [장승을 찍은] 것입니다. • 이 [자료]는 [민간 신앙의 상징물]에 대한 것입니다.
자료 설명	• 여기 [사진]을 보시면 [장승은 나무나 돌로 만들었다]는 것을 알 수 있습니다.
종료 안내	• 이 [자료]에 대한 설명은 여기에서 마무리하겠습니다.
다음 자료 안내	• 다음 [자료]에 대해서 설명하겠습니다.

학술적 말하기

2 '장승'에 대해 알아보고 세계 각 지역의 민간 신앙의 상징물을 소개해 봅시다.

1) 장승에 대해서 알아봅시다.

장승	소개
	예로부터 마을로 들어가는 길에 돌이나 나무로 만든 장승을 세웠다. 장승은 무서운 얼굴을 하고 있는데, 액운을 막고 잡귀를 쫓아내어 마을을 보호하는 수호신 역할을 했기 때문이다. 한편 장승은 마을의 경계를 표시하거나 이정표 역할을 하기도 했다.

2) 세계 각 지역의 민간 신앙의 상징물을 소개해 봅시다.

• 표현을 알아봅시다.

	표현	예
행운	무병장수, 안녕, 번영, 복, 부	무병장수를 기원하다
	을/를 기원하다, 바라다	번영을 바라다
액운	액운, 불운, 잡귀	액운을 막다
	을/를 막다, 쫓아내다	잡귀를 쫓아내다
역할	수호신, 이정표	수호신 역할을 하다
	~ 역할을 하다	

• 내용을 정리해서 발표해 봅시다.

TIP 인터넷의 내용을 그대로 인용하지 말고, 청중들이 이해할 수 있는 수준으로 정리한다.

학술적 글쓰기

연구 보고서는 학술적으로 의미가 있는 사실을 밝히는 과정을 정해진 형식에 따라 기술한 글이다. 연구 보고서 작성 과제를 통해 체계적이고 논리적으로 글을 쓰는 방법을 익혀 보도록 하자.

표지	본문			참고 문헌
	서론	**본론**	**결론**	
• 제목 • 목차	• 연구 배경 • 연구 목적	• 연구 대상과 연구 방법 • 연구 결과와 분석	• 요약 및 정리 • 의의와 한계점	

1 연구 보고서의 표지에 대해서 알아봅시다.

- 표지는 다양한 유형이 있지만 가장 간략한 표지는 제목과 작성자, 목차로 구성된다.

1) 제목
- 제목은 보고서의 내용을 바로 알 수 있도록 구체적으로 쓰는 것이 좋다.

2) 작성자
- 작성자는 보통 이름을 쓰고 괄호 안에 소속을 병기한다.

3) 목차
- 목차는 보고서의 각 항목을 순서에 따라 배열하여 제시한 것으로 보고서의 구성을 한눈에 보여준다.
- 보고서의 각 항목은 위계에 따라 번호를 붙여 제시하는데, 번호의 위계는 보통 다음의 두 가지 양식을 사용한다.

  예1   Ⅰ.   1.   1)   (1)   ①
  예2   Ⅰ.   1.   1.1   1.1.1   1.1.1.1

표지 예시

한국과 일본의 학력에 대한 인식 비교 연구

사토(한양대 국제교육원 고급2 A)

목차

Ⅰ. 서론
Ⅱ. 본론
  1. 연구 대상과 연구 방법
  2. 연구 결과와 분석
    2.1. 한일 양국의 학력에 대한 인식 차
    2.2. 학력이 사회에 미치는 영향
Ⅲ. 결론
참고 문헌

학술적 글쓰기

2 연구 보고서의 서론에 대해서 알아봅시다.

- 서론은 보고서 본문(서론, 본론, 결론)의 첫 부분으로 보통 연구 배경이나 필요성, 연구 목적 등을 간단히 적는다. 본론에서 제시하게 될 연구 대상과 연구 방법을 간단히 소개하기도 한다.
- 이번 연구 보고서 작성 과제에서는 연구 배경, 연구 대상과 연구 방법, 연구 목적에 대해서 한 단락으로 간단히 적도록 한다.
- 서론을 작성할 때에는 다음과 같은 격식적인 표현을 사용한다.

연구 배경	• 최근 한국에서는 ~이/가 논란이 되고 있다, ~에 대한 의견이 분분하다 • 최근 들어 전 세계적으로 ~에 대한 관심이 고조되고 있다 • 한국은 다른 나라와 달리 -(으)ㄴ/는 것으로 유명하다
연구 대상	• 을/를 대상으로
연구 방법	• 설문 조사를 통해 • 인터뷰를 시행하여 • 설문 조사와 인터뷰를 시행함으로써
연구 목적	• 본 연구는 ~을/를 비교, 분석하는 데 목적이 있다 • 본 연구에서는 ~을/를 비교, 분석해 보고자 한다 • 본 연구를 통해 ~을/를 알아볼 것이다

서론 예시

I. 서론

　한국은 전 세계적으로 교육열이 높은 나라로 유명하다. 이는 짧은 시간 동안 급속한 경제 성장을 이루는 원동력이 되기도 했지만 학력주의라는 폐단을 낳기도 하였다. 일본도 전통적으로 학력을 중시해 오기는 했지만 한국과는 그 양상이 다르다. 이에 본 연구에서는 한국인과 일본인을 대상으로 인터뷰를 시행하여 양국의 학력에 대한 인식의 차이를 비교, 분석하고 이러한 인식이 사회에 어떤 영향을 미치는지 확인해 보고자 한다.

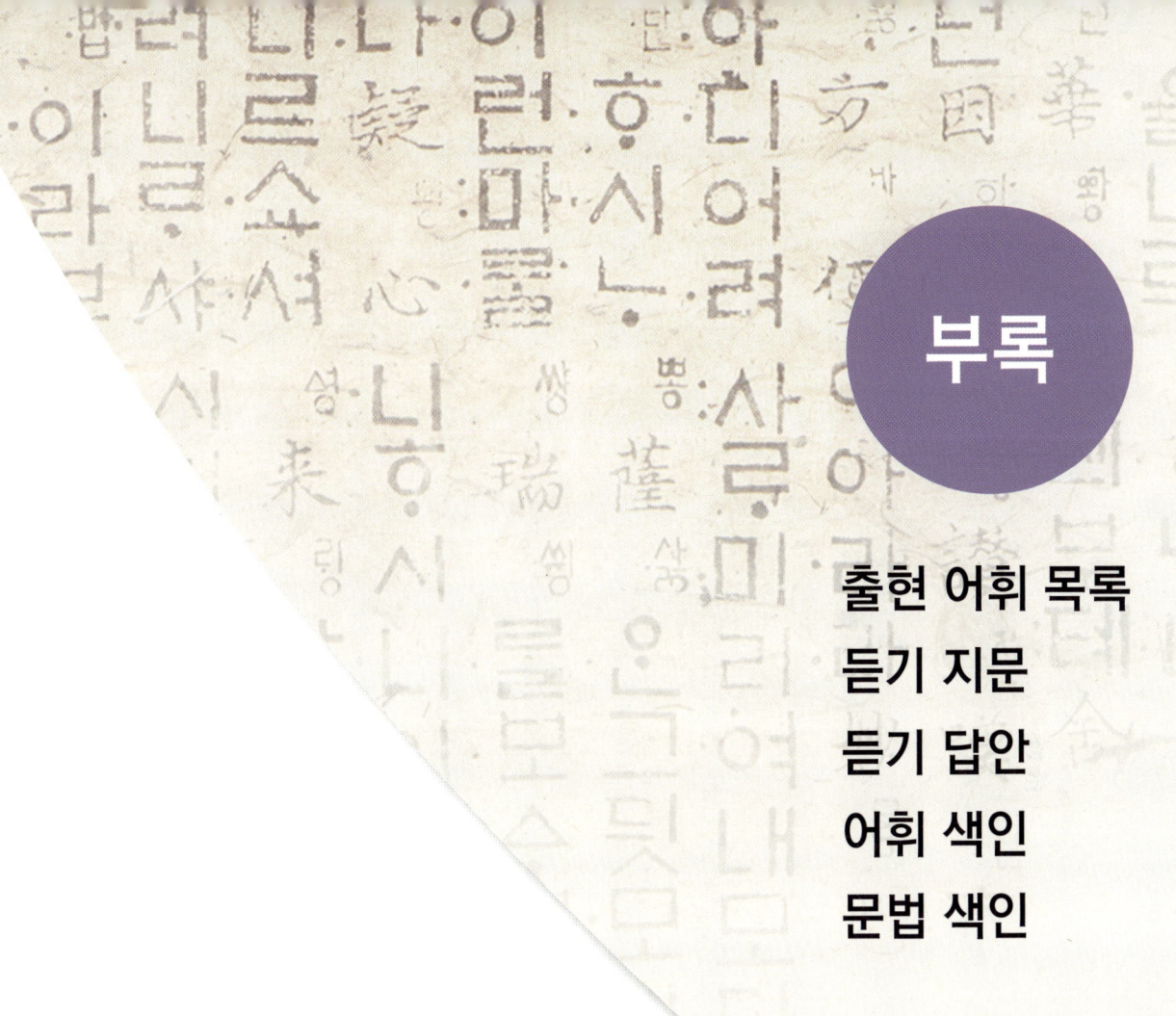

부록

출현 어휘 목록
듣기 지문
듣기 답안
어휘 색인
문법 색인

출현 어휘 목록

1과 서울의 역사

1

도입, 어휘와 표현

고려
조선
대한제국
일제 강점기
역대
행정구역
유구하다
도보 관광
즐비하다
빌딩숲
자리 잡다
기대 이상이다
기대 이하이다
이 정도는 약과다
그나마 다행이다
미세먼지
명맥을 유지하다

대화문, 심화 표현

청계천
청계광장
엄밀히
사대문
성곽
한양
한성
경성
기껏해야
왕릉
잦다

미명 아래
신경 쓸 겨를이 없다
훼손하다
복원
재조명하다
연대기 표
명칭
태조 이성계
도읍지
풍수
상징물
해치
수호신
서울 빛초롱 축제
조형물
풍성
후대
후유증
유전자
문화유산
고유어
한자어
외래어
혼종어
재테크
노후

2

문법과 표현, 심화표현

제작 기법
먹구름
빈틈없이

뒷굽
손가락 하나 까닥하기 힘들다
곪다
혼수
기한
장담을 못 하다
재개발
푼돈
상전벽해
뽕나무밭
함흥차사
왕위
태종
속출

듣고 말하기

산책길
운동 삼아
올레길
둘레길
해파랑길
갈맷길
도시인
서울 역사 탐방 걷기 코스
해설사
서울로 7017
산업화
고가 도로
탈바꿈시키다
세종대로 사람숲길
숭례문
상권
열풍이 불다

구애받다
맨손 체조
시간에 쫓기다
안성맞춤
일거양득
꿩 먹고 알 먹기
덕수궁
정관헌
외관
애호가
연회
사신
마니아
결정적
건립
통합
딱이다
일컫다
달달하다
고종
출출하다
일등공신
내력
재력가

3

읽고 쓰기, 주제 토론

무학대사
정사
야사
전자
후자

정설
속설
명당자리
의견이 분분하다
학계
일명
신라
서라벌
경주
밝다(정통하다)
방방곡곡
지형
백발노인
채찍질하다
십리
사라지다
왕조
탐방
주류
상술
서사적
맞부딪치다

4

학술적 말하기

격식
시각 자료
청중
소속
표하다
휘장
신명나다

형상화하다
지향하다
활력
색을 띠다
모양을 띠다

학술적 글쓰기

서열 문화
신조어
세부
팀원
문헌 조사
서론
본론
결론
참고 문헌

2과 한국의 문화유산

1

도입, 어휘와 표현

유네스코
세계유산
문화유산
자연유산
복합유산
세계기록유산
무형문화유산
피라미드
베토벤
자필
악보
경극
석굴암
훈민정음
답사하다
답사지
하회마을
세계문화유산
등재하다
원형
보존되다
얽히다
가옥
밤을 꼴딱 새우다
잠을 실컷 자다
손에서 놓을 수가 없다
눈을 뗄 수 없다
웬만큼 알다
문외한이다
아는 만큼 보이다

아는 것이 힘이다

대화문, 심화 표현

미학적
감상법
길잡이
세세히
하회탈
전생
사찰
덮개
연꽃
보고서
항목
비무장지대
군사
휴전
발길
생태계
바치다
제단
형상화하다
등반
급등
등락
지침
미닫이
나들이
운영

2

문법과 표현, 심화표현

불상
새겨지다
닳다
건망증
두다
저축하다
경관
학문
출중하다
찻집
그만이다
성품
기왕
업계
발을 들이다
성과를 내다
명불허전
헛되다
화룡점정
눈동자
후원
골

듣고 말하기

지석묘
참성단
전등사
궁지
오일장
석양

고인돌
서해
육지
특산품
선사 시대
지정되다
한반도
축소판
생활상
엿보다
조성되다
바닷길
일명
조선왕조실록
철종
연대순
힌트
단종
연산군
광해군
영조
고종
순종
보유하다
생동감
다방면
수록하다
걸치다
답안
불문하다
채용하다
허다하다
정조

3
읽고 쓰기, 주제 토론

사도세자
뒤풀이
행궁
설계
축조
파손
복원
내친김에
효심
염원
웅장하다
소박하다
묻어나다
느티나무
기운
재미 삼아
새끼줄
이어지다
묘하다
일목요연하다
흡족하다
완공하다
장비
겪다
바탕
후하다
인근
유쾌하다
공존하다
남한산성

인조
종묘
반출되다
반환
반박
일리가 있다

4
학술적 말하기

편찬되다
공공 의료
주도
의의
약재
백과사전

학술적 글쓰기

선정
검토

3과 자연과 환경

1
도입, 어휘와 표현

열대 기후
건조 기후
온대 기후
냉대 기후
한대 기후
열대 우림
삼림
빙하
자연재해
지구 온난화
이상 기후 현상
해수면
생태계
눈앞에 닥치다
코앞이다
상상 이상이다
상상했던 대로다
금시초문이다
난생 처음 들었다

대화문, 심화 표현

아열대 기후
빈번하다
생활에 쫓기다
등한시하다
부지불식간에
일례로
악영향
메탄가스
정화시키다

목초지
가속화되다
한몫하다
양심의 가책을 느끼다
난감하다
기후협약
이산화탄소
감축하다
온실가스
기상 이변
가속도
가중
배가
부가
우선시
적대시
동일시

2
문법과 표현, 심화표현

규제
탁상공론
천재지변
결자해지
탄소 중립

듣고 말하기

화석 연료
원자력 에너지
대체 에너지
풍력 발전

친환경 발전
재생 에너지
조성하다
어종
태양열 에너지
배기가스
배출하다
입소문이 나다
발길이 이어지다
유통
유해하다
꺼림칙하다
고갈되다

3
읽고 쓰기, 주제 토론

매립
소각
침출수
멸종 위기종
서식하다
황금빛
억새
그림 같은 경관을 이루다
폐기물
더미
방치하다
울창하다
회복되다
주범
지목되다
면모를 보여주다

저물다

학술적 말하기

목차
확충하다
장려하다
지원하다

학술적 글쓰기

문헌 연구
출처
녹취
서면 인터뷰
포괄적 질문
설문지
개방형 질문
주관식
폐쇄형 질문
객관식

한국의 민속

① 도입, 어휘와 표현

민간 신앙
가신 신앙
조상신
가택신
마을 신앙
서낭신
무속 신앙
토속 신
금기
풍수
무속
집터
묏자리
무당
상의하다
숭배하다
신성하다
소홀히
정성을 다하다
자취를 감추다
꿈만 같다
악몽 같다
볼품없다
보잘것없다
눈 밖에 나다
눈에 들다
액운
안녕

대화문, 심화 표현

사극
항아리
장독대
신줏단지
관장하다
성주신
조왕신
측신
변소
문왕신
일상적
길흉화복
굿
고사
세시풍속
정월 대보름
단오
삼복
섣달그믐
공존하다
오곡밥
부럼 깨기
더위팔기
쥐불놀이
등대
통일 전망대
구덩이
인재
천재

② 문법과 표현, 심화표현

삼무도
손꼽다
야식
산간 지역
모조리
학창 시절
급속하다
미풍양속
완치되다
꾸물거리다
짬이 나다
차도가 없다
상반되다
초래되다
수사 의문문
허술하다
치솟다
계승하다
가화만사성
순조롭다
인과응보
몰락

듣고 말하기

무병장수
가래떡
조롱박
차례
쌀농사
잡귀

재물
물리치다
동정심
우월감
세찬
복조리
야광귀
흥정
불운하다
체
묵은 때
항암
화전
나들이
점
점치다
상복
동지 팥죽
고대하다
흉조
길조
부녀자
연초
신년 운세
검붉다
찹쌀
새알심
충만하다
바깥출입
징조

읽고 쓰기, 주제 토론

시가 문학
정형시

음절
어절
구
함축성
명칭
추정되다
충성심
주를 이루다
건국
태종 이방원
충신
정몽주
마음을 떠보다
하여가
단심가
향유하다
사상
예찬하다
벗
독창성
민족주의
돋보이다
시조
오우가
유학자
유배지
휴식기
호응
원형
덧붙이다
첨언

학술적 말하기

숙지하다

청중
제스처
장승
경계
이정표
번영
기원하다
불운

학술적 글쓰기

학술적
기술하다
체계적
간략하다
목차
괄호
병기하다
배열하다
위계
양식
연구 배경
연구 목적
연구 대상
연구 방법
연구 결과
논란
고조되다
시행하다
교육열
원동력
학력주의
폐단을 낳다
중시하다
양상

1과 서울의 역사

듣고 말하기 1

요즘 도시의 직장인들을 중심으로 걷기 운동 열풍이 불고 있다. 도시인들에게 걷기 운동이 큰 인기를 얻는 데는 그럴 만한 이유가 있다. 우선 운동을 하기 위해 굳이 산이나 들을 찾지 않아도 될 뿐만 아니라 시간에 구애받지 않고 즐길 수 있기 때문에 시간에 쫓기는 도시인들에게 안성맞춤이다. 또 걷기 운동은 특별한 기술이 필요하지 않아서 남녀노소 누구나 쉽게 할 수 있다. 그리고 걷기가 성인병을 예방하는 데에 효과가 있다는 것도 빼놓을 수 없다.

걷기 운동에 대한 관심이 높아지면서 운동과 함께 문화생활을 즐길 수 있는 프로그램들이 개발되고 있다. 최근에는 '서울 역사 탐방 걷기 코스'가 큰 인기를 끌고 있다. 이는 서울의 역사 유적지와 관광 명소를 걸으며 살펴볼 수 있도록 개발한 걷기 코스이다.

그동안 다양한 걷기 코스가 개발되어 많은 사람들의 사랑을 받아 왔다. 제주도의 올레길이나 지리산의 둘레길이 그 예인데, 이러한 걷기 코스는 자연환경 속에서 자유로이 산책을 즐긴다는 데 그 특징이 있다. 하지만 이번에 개발된 '서울 역사 탐방 걷기 코스'는 그 지역의 역사에 대해서 전문 해설사의 설명을 들으며 운동을 즐길 수 있다는 점에서 기존 코스와 큰 차이가 있다. 건강도 챙기고 지식도 챙기는 일석이조의 효과를 도심 속 걷기 운동을 통해 누려 보도록 하자.

듣고 말하기 2

여자: 오늘 식사는 정말 맛있게 잘 먹었어요. 커피는 제가 살까 하는데, 어떤 커피로 드시겠어요?

남자: 전 아메리카노요. 사실 제 입맛에는 다방 커피가 딱인데.

여자: 다방 커피요? 처음 들어봤는데, 새로 나온 커피 이름인가요?

남자: 예전에 커피숍을 다방이라고 불렀거든요. 다방에서는 커피에 크림과 설탕을 모두 넣은 달콤한 커피를 팔았는데, 이걸 다방 커피라고 불렀어요. 지금은 커피를 만드는 방법이나 커피의 맛을 일컫는 말이 됐어요. 우리가 보통 먹는 인스턴트 커피 믹스의 맛이 다방 커피에 가깝죠.

여자: 아, 그럼 커피 자판기에서 뽑아 먹는 달달한 커피도 다방 커피겠네요?

남자: 맞아요. 1970년대에 한국의 커피 회사에서 세계 최초로 커피 믹스를 만들었는데 그게 자판기를 통해 널리 퍼지게 됐어요. 그런 점에서 커피 자판기가 다방 커피를 유행하게 만든 일등공신이라고 할 수 있죠.

여자: 자판기 커피에 그런 내력이 숨어 있었다니 정말 흥미롭네요.

남자: 혹시 서울 덕수궁에 커피와 관련된 역사 유적지가 있다는 것도 알고 있어요?

여자: 덕수궁은 조선 시대 궁궐로 알고 있는데, 그곳에 현대 기호 식품인 커피와 관련된 유적지가 있단 말이에요?

남자: 역사 기록에 따르면 우리나라에서 커피를 처음 맛본 사람이 바로 조선의 왕이었던 고종이거든요. 고종은 커피 애호가로 널리 알려져 있어요. 그래서 궁궐 안에다가 커피를 마실 수 있는 연회장을 만들었는데 정관헌이라는 이름으로 지금도 보존되어 있어요.

여자: 저는 외국을 왕래하는 사신이나 유학생들이 커피를 처음 맛보았을 거라고 생각했는데…. 서울이라는 도시에는 정말 많은 이야기들이 숨어 있네요.

2과 한국의 문화유산

듣고 말하기 1

강화도는 한국에서 네 번째로 큰 섬으로 인천 국제공항 위쪽에 위치하고 있다. 섬이기는 하지만 다리로 연결되어 있어 육지나 다름없다. 계절마다 먹을거리가 풍부하고 해가 지는 모습이 아름답기로 유명하다.

강화도에 가면 사람들이 꼭 들르는 곳이 있다. 바로 5일에 한 번 열리는 강화 오일장이다. 이곳에 가면 일명 호박 고구마라고 불리는 속이 노란 고구마를 비롯하여 여러 강화도 특산품을 구매할 수 있으며 강화도 사람들의 생활상도 그대로 느낄 수 있어 관광객들에게 인기가 많다.

또 강화도에는 고인돌 공원이 있는데 이곳에는 세계문화유산으로 지정된 강화 지석묘가 있다. 선사 시대 무덤인 지석묘는 고인돌이라는 이름으로 더 잘 알려져 있으며 탁자식 형태를 띠고 있다. 고인돌 공원 바로 옆에는 강화도 역사 박물관이 자리 잡고 있는데, 이곳에서는 선사 시대부터 근대에 이르기까지 강화도의 역사를 살펴볼 수 있다.

이처럼 강화도는 곳곳에 역사 유적과 유물이 남아 있어 '지붕 없는 박물관'이라고 불린다. 또 이곳은 '한반도 역사의 축소판'이라고도 불리는데 그 이유는 수많은 역사적 사건이 벌어졌던 곳이기 때문이다.

듣고 말하기 2

여자: 최근 조선왕조실록이 만화로 출간되어 화제인데요. 오늘은 이 책의 저자를 모시고 말씀 나눠 보겠습니다. 안녕하세요? 박수동 화백님.
남자: 네, 반갑습니다.
여자: 먼저 조선왕조실록에 대해서 소개를 좀 해 주시겠습니까?
남자: 조선왕조실록은 조선 시대의 역사적 사실을 기록한 책입니다. 정치뿐만 아니라 경제, 사회, 문화 등 다방면에 걸쳐 수록하고 있기 때문에 이 책만으로도 조선 시대를 이해하기에 부족함이 없습니다. 또 유네스코 세계기록유산으로 지정되어서 세계적으로도 귀중한 문화유산임이 증명되기도 했고요.
여자: 조선왕조실록을 특별히 만화로 출간하게 된 이유가 있는지요?
남자: 만화라고 하면 남녀노소를 불문하고 누구나 좋아하는 매체죠. 또 이해하기가 쉽다는 장점이 있습니다. 그리고 역사적인 사실을 생생하게 표현해 낼 수도 있고요.
여자: 기존에도 역사서를 만화로 풀어쓴 책들은 꽤 있었는데요. 만화 조선왕조실록이 기존의 역사 만화물과 다른 점은 무엇인가요?
남자: 역사서를 만화로 구성하다 보면 과장되거나 구전되는 이야기까지 포함시키는 경우가 허다합니다. 하지만 저는 확실히 증명된 사실만을 가지고 작업을 했습니다.
여자: 만화 조선왕조실록은 시리즈로 출판되었는데요. 총 몇 권인가요?
남자: 총 20권인데요. 조선의 27명의 왕에 대해 모두 다루고 있습니다.
여자: 그렇군요. 만화 조선왕조실록이 남녀노소 모두에게 사랑을 받았으면 합니다. 오늘 나와 주셔서 감사합니다.

 **자연과 환경**

듣고 말하기 1

제주시 해안가를 따라 달리다 보면 색다른 풍경을 맞이하게 됩니다. 바로 해상 풍력 발전 단지입니다. 해상 풍력 발전이란 바다에서 부는 바람을 이용해 전력을 생산하는 것을 말합니다. 이 단지는 2017년에 조성된 한국의 첫 번째 풍력 발전 단지로 연간 약 2만 5천 가구가 사용할 수 있는 전력을 생산합니다.

풍력 발전의 가장 큰 장점은 이산화탄소 발생이 없는 친환경 발전이라는 점입니다. 이 단지의 조성으로 연간 약 4만 톤의 이산화탄소가 감축되었는데 이는 소나무 1,300만 그루를 심은 것과 같은 효과라고 합니다. 또 다른 장점은 발전기를 돌릴 때 연료를 사용하지 않는다는 것입니다. 바람을 이용해서 발전기를 돌리기 때문에 특별히 연료가 필요하지 않습니다. 이 때문에 풍력 발전을 재생 에너지라고도 부릅니다. 연료 고갈을 걱정하지 않고 얼마든지 생산해 낼 수 있다는 의미죠.

사실 처음 이 단지를 조성할 때는 어민들의 걱정이 컸습니다. 바다에 풍력 발전기를 설치한 것이 바다 생태계에 악영향을 끼칠까 봐 우려한 것이죠. 하지만 바닷속 풍력 발전기가 물고기의 서식지 역할을 하면서 오히려 어종이 다양해졌다고 합니다. 다양한 바다 생물을 볼 수 있다는 입소문이 나면서 관광객들의 발길도 이어지고 있다고 합니다.

듣고 말하기 2

여자: 토요일에 여의도 벚꽃 축제에 갔더니 무료로 물을 나눠 주더라. 생수인 줄 알았는데 수돗물을 병에 담아 준 거였어. 그냥 마셔도 문제가 없다고 했지만 수돗물이라고 하니까 꺼림칙해서 안 마셨어. 생수였으면 마셨을 텐데.

남자: 보통 수돗물보다 생수가 더 깨끗하다고 생각하지만 그렇지만도 않아. 오히려 어떤 생수는 생산 과정이나 유통 기간이 불확실해서 오염될 가능성이 더 높다던데?

여자: 그러니까 비싸더라도 믿을 수 있는 회사의 생수를 선호하는 거 아니겠어? 비싼 만큼 더 깨끗할 것 같아서 난 수입 생수처럼 비싼 걸 즐겨 찾게 돼.

남자: 생수 때문에 생기는 환경 파괴를 생각한다면 생수를 마시는 건 자제할 필요가 있어.

여자: 생수 때문에 환경이 파괴된다고? 난 금시초문인데?

남자: 일단 생수 공장이 지어지게 되면 그 지역의 지하수가 오염되거나 고갈되기 쉽대. 또 생산 과정이나 운반, 유통, 보관하는 과정에서 환경을 오염시키는 이산화탄소를 배출하게 된다고 하더라고.

여자: 그러면 수입 생수는 탄소 배출량이 훨씬 크겠네. 생산지와 소비지의 거리 차가 크니까 말이야.

남자: 당연하지. 앞으로 생수를 사 마시는 걸 좀 줄여 보는 게 어때? 환경 보호는 작은 생활 습관을 고치는 것에서부터 시작하는 거야.

 **4과 한국의 민속**

듣고 말하기 1

한국의 세시풍속 중 설날에는 무병장수와 부를 바라는 음식을 가족, 친지, 가까운 이웃과 함께 나누어 먹는 풍습이 있었는데, 이 음식을 세찬이라고 한다. 세찬 중에서도 가장 보편적인 것이 바로 떡국이다.

한 해를 시작하는 설날에 먹는 떡국은 그 색과 모양이 특별한 의미를 담고 있어서 눈길을 끈다. 떡국은 가래떡으로 만드는데, 가래떡의 하얀 색은 묵은 때를 씻고 한 해를 깨끗하게 시작하라는 의미이다. 또 가래떡의 긴 모양은 재산이 늘어나기를 바라는 소망을 담고 있다. 떡국을 만들 때에는 가래떡을 동전 모양으로 둥글게 썰어서 사용하는데 이는 그해에 재물이 쌓이기를 기원하는 것이다.

떡국은 대표적인 설날 음식답게 지역별로 모양도 다르고 담긴 의미도 다양하다. 북쪽의 개성 지방에서는 조롱박 모양의 조롱이떡을 넣어 만든 떡국을 즐겨 먹었는데, 조롱박 모양이 잡귀를 물리치고 액운을 막을 수 있다는 믿음에서 비롯되었다. 쌀농사를 거의 짓지 않는 북쪽 지방에서는 떡국 대신에 만둣국을 끓여 먹었다. 만두는 복을 싸서 먹는다는 의미를 담고 있어서 궁중에서도 만둣국을 즐겨 먹었다고 한다.

설날에는 어려운 이웃에게 차례 용품을 보내는 풍습도 있었는데, 이러한 풍습에서 어려움을 함께 극복하려 했던 옛사람들의 따뜻한 정을 느낄 수 있다.

듣고 말하기 2

여자: 오늘이 음력 3월 3일이구나. 동지 팥죽 끓여 먹었던 게 엊그제 같은데 벌써 삼짇날이네.
남자: 삼짇날이요? 할머니, 그게 뭐예요? 처음 듣는데요?
여자: 쯧쯧, 요즘 사람들은 우리 것을 몰라도 너무 몰라. 음력 3월 3일을 삼짇날이라고 하는데 한마디로 봄이 왔다는 것을 알리는 날이지. 이 날은 봄의 기운이 충만해서 장을 담그면 맛이 좋다고들 믿었단다.
남자: 혹시 꽃으로 전을 부쳐 먹는다는 날이 오늘이에요?
여자: 화전을 말하는 모양이구나. 삼짇날이 되면 맛있는 음식을 싸가지고 나들이 가곤 했지. 화전도 그런 음식 중의 하나란다. 특히 바깥출입이 자유롭지 않았던 부녀자들이 삼짇날에는 나들이를 즐길 수 있어서 이날을 손꼽아 기다렸단다.
남자: 삼짇날도 다른 명절처럼 특별한 풍속이 있나요?
여자: 아무렴, 있고말고. 삼짇날에는 그날 보는 동물로 한 해의 운수를 점치곤 했지.
남자: 동물로 점을 친다고요? 어떤 동물을 봐야 운이 좋은 거예요?
여자: 뱀이나 개구리를 봐야 좋지. 개구리 울음소리가 크면 그해 풍년이 든다고 믿었고 뱀은 좋은 운을 가져다준다고 믿었거든. 또 노랑나비나 호랑나비도 소원을 들어준다고 해서 보면 좋아했지. 아! 그런데 흰나비는 예외야.
남자: 왜요? 흰나비를 보면 좋지 않다고 생각했나요?
여자: 흰나비를 보면 그해에 흰색의 상복을 입게 된다고 생각했지. 즉 부모님이 돌아가실지도 모르는 나쁜 징조라고 해서 불길하게 여겼던 거야.
남자: 삼짇날에는 재미있는 풍속들이 정말 많았네요. 할머니, 우리도 오늘 도시락 싸서 나들이 가요.
여자: 그래, 그래. 그러자꾸나.

듣기 답안

1과 서울의 역사

듣고 말하기 1

2 1) ① (X) ② (O) ③ (X) ④ (O)

2) ☑ 유적지 일대
   ☑ 전문 해설사
   ☑ 건강과 지식

3) ②

3 서울 역사 탐방 걷기 코스는 **건강과 지식을 모두 얻을 수 있다**는 점에서 기존의 걷기 코스와 차이가 있다.

듣고 말하기 2

2 1) ① (X) ② (O) ③ (O) ④ (X)

2) 커피 자판기

3) 커피를 마실 수 있는 연회장

3 고종이 궁궐 안에 정관헌을 지은 것을 보면 그가 **커피 애호가였**다는 것을 짐작할 수 있다.

2과 한국의 문화유산

듣고 말하기 1

2 1) ① (X) ② (O) ③ (X) ④ (O)

2) ④

3) 수많은 역사적 사건들이 벌어졌던 곳이기 때문에

3 강화도는 **역사 유적과 유물이 많기**도 하려니와 **일몰과 강화 오일장도 볼 수 있**어서 인기가 많은 섬이다.

듣고 말하기 2

2 1) ① (O) ② (X) ③ (X) ④ (O)

2) ②, ③

3) 역사적인 사실만으로 내용을 구성했다.

3 조선왕조실록은 **조선시대의 역사적 사실을 기록한 책이며 여러 방면에 걸쳐 수록하고 있기** 때문에 조선 시대를 이해하는 데 중요한 자료이다.

3과 자연과 환경

듣고 말하기 1

2) 1) ① (X) ② (O) ③ (O) ④ (X)

2) ① 이산화탄소 발생이 없는 친환경 발전이다.
   ② 바람으로 발전기를 돌리므로 따로 연료를 필요로 하지 않는다.

3) ☑ 긍정적 영향을 끼쳤다 ☐ 악영향을 끼쳤다
   ☐ 줄어들었다 ☑ 다양해졌다
   ☑ 증가하였다 ☐ 감소하였다

3. 제주 해상 풍력 단지의 조성으로 <u>이산화탄소가 감축되는</u> 효과가 있었다.

듣고 말하기 2

2) 1) ③

2) ① (X) ② (O) ③ (O) ④ (O)

3) ☑ 생수 사용을 줄이면 환경 보호에 도움이 될 것이다.
   ☐ 비싸더라도 믿을 수 있는 회사의 생수를 마시는 것이 좋다.

3. 생수 산업은 <u>생산 과정에서 그 지역의 지하수를 오염시키고 이산화탄소를 배출하기</u> 때문에 환경에 유해하다고 할 수 있다.

4과 한국의 민속

듣고 말하기 1

2) 1) ① (O) ② (O) ③ (X) ④ (O)

2)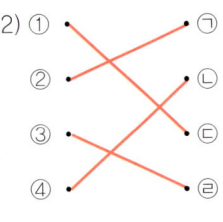

3) ④

3. 한국의 대표적인 세찬인 떡국에는 <u>무병장수와 부</u>를 바라는 의미가 담겨져 있다.

듣고 말하기 2

2) 1) ① (X) ② (O) ③ (O) ④ (O)

2) 모처럼 나들이를 즐길 수 있었기 때문에

3) ①

3. 과거 부녀자들이 삼짇날을 손꼽아 기다린 것을 보면 당시 <u>부녀자의 바깥출입이 제한적이었다는</u> 것을 알 수 있다.

어휘 색인

ㄱ

가래떡	104
가속도	73
가속화되다	70
가신 신앙	94
가옥	43
가택신	94
가화만사성	103
간략하다	116
갈맷길	26
감상법	44
감축하다	71
개방형 질문	91
객관식	91
건국	108
건립	28
건망증	48
건조 기후	68
걸치다	55
검붉다	107
검토	64
격식	36
겪다	57
결론	39
결자해지	77
결정적	28
경계	115
경관	49
경극	42
경성	18
경주	30
계승하다	102
고가 도로	27
고갈되다	81
고대하다	106
고려	16
고사	96
고유어	21
고인돌	52
고조되다	117
고종	54
골	51
곪다	23
공공 의료	63
공존하다	58
관장하다	96
괄호	116
광해군	54
교육열	117
구	108
구덩이	99
구애받다	27
군사	46
굿	96
궁지	52
규제	74
그나마 다행이다	17
그림 같은 경관을 이루다	82
그만이다	49
금기	94
금시초문	69
급등	47
급속하다	101
기껏해야	18
기대 이상이다	17
기대 이하이다	17
기상 이변	72
기술하다	116
기왕	50
기운	56
기원하다	115
기한	24
기후협약	71
길잡이	44
길조	106
길흉화복	96
꺼림칙하다	81
꾸물거리다	101
꿈만 같다	95
꿩 먹고 알 먹기	27

ㄴ

나들이	47
난감하다	70
난생 처음 들었다	69
남한산성	56
내력	29
내친김에	56
냉대 기후	68
노후	21
녹취	90
논란	117
눈 밖에 나다	95
눈동자	51
눈앞에 닥치다	69
눈에 들다	95
눈을 뗄 수 없다	43
느티나무	56

ㄷ

다름없다	129
다방면	55
단심가	108
단오	97
단종	54
달달하다	128
닳다	48
답사지	43
답사하다	43
답안	55
대체 에너지	78
대한제국	16
더미	82
더위팔기	98

덕수궁	28
덧붙이다	113
덮개	45
도보 관광	17
도시인	26
도읍지	19
독창성	109
돋보이다	109
동일시	73
동정심	104
동지 팥죽	107
두다	48
둘레길	26
뒤풀이	56
뒷굽	23
등대	99
등락	47
등반	47
등재하다	43
등한시하다	73
딱이다	29

ㅁ

마니아	28
마을 신앙	94
마음을 떠보다	108
맞부딪치다	35
매립	82
맨손 체조	27
먹구름	22
메탄가스	70
면모를 보여주다	83
멸종 위기종	82
명당자리	30
명맥을 유지하다	17
명불허전	51
명칭	19
모양을 띠다	37

모조리	100
목차	88
목차	116
목초지	70
몰락	103
묏자리	94
묘하다	56
무당	94
무병장수	104
무속	94
무속 신앙	94
무학대사	30
무형문화유산	42
묵은 때	105
문왕신	96
문외한	43
문헌 연구	90
문헌 조사	38
문화유산	21
묻어나다	56
물리치다	104
미닫이	47
미명 아래	18
미세먼지	17
미풍양속	101
미학적	44
민간 신앙	94
민족주의	109

ㅂ

바깥출입	107
바닷길	53
바치다	47
바탕	57
반박	
반출되다	61
반환	61
발길	46

발길이 이어지다	79
발을 들이다	50
밝다(정통하다)	30
밤을 꼴딱 새우다	43
방방곡곡	30
방치하다	82
배가	73
배기가스	79
배열하다	116
배출하다	78
백과사전	63
백발노인	31
번영	115
벗	109
베토벤	42
변소	96
병기하다	116
보고서	46
보유하다	54
보잘것없다	95
보존되다	43
복원	18
복조리	105
복합유산	42
본론	39
볼품없다	95
부가	73
부녀자	107
부럼 깨기	98
부지불식간에	70
불문하다	55
불상	48
불운	115
불운하다	105
비무장지대	46
빈번하다	70
빈틈없이	22
빌딩숲	17

빙하 · · · 68	서사적 · · · 33	숙지하다 · · · 114
뽕나무밭 · · · 25	서식하다 · · · 82	순조롭다 · · · 103
	서열 문화 · · · 38	순종 · · · 54
ㅅ	서울 빛초롱 축제 · · · 20	숭례문 · · · 27
사극 · · · 96	서울 역사 탐방 걷기 코스 · · · 26	숭배하다 · · · 95
사대문 · · · 18	서울로 7017 · · · 27	시가 문학 · · · 108
사도세자 · · · 56	서해 · · · 52	시각 자료 · · · 36
사라지다 · · · 31	석굴암 · · · 42	시간에 쫓기다 · · · 27
사상 · · · 109	석양 · · · 52	시조 · · · 108
사신 · · · 28	선사 시대 · · · 52	시행하다 · · · 117
사찰 · · · 45	선정 · · · 64	신경 쓸 겨를이 없다 · · · 18
산간 지역 · · · 100	섣달그믐 · · · 97	신년 운세 · · · 107
산업화 · · · 27	설계 · · · 56	신라 · · · 30
산책길 · · · 26	설문지 · · · 90	신명나다 · · · 37
삼림 · · · 68	성과를 내다 · · · 50	신성하다 · · · 95
삼무도 · · · 100	성곽 · · · 18	신조어 · · · 38
삼복 · · · 97	성주신 · · · 96	신줏단지 · · · 96
상권 · · · 27	성품 · · · 49	십리 · · · 31
상반되다 · · · 101	세계기록유산 · · · 42	쌀농사 · · · 104
상복 · · · 128	세계문화유산 · · · 43	
상상 이상이다 · · · 69	세계유산 · · · 42	**ㅇ**
상상했던 대로다 · · · 69	세부 · · · 38	아는 것이 힘이다 · · · 43
상술 · · · 33	세세히 · · · 44	아는 만큼 보이다 · · · 43
상의하다 · · · 94	세시풍속 · · · 96	아열대 기후 · · · 70
상전벽해 · · · 25	세종대로 사람숲길 · · · 27	악몽 같다 · · · 95
상징물 · · · 20	세찬 · · · 105	악보 · · · 42
새겨지다 · · · 48	소각 · · · 82	악영향 · · · 70
새끼줄 · · · 56	소박하다 · · · 56	안녕 · · · 95
새알심 · · · 107	소속 · · · 36	안성맞춤 · · · 27
색을 띠다 · · · 37	소홀히 · · · 95	애호가 · · · 28
생동감 · · · 54	속설 · · · 30	액운 · · · 95
생태계 · · · 46	속출 · · · 25	야광귀 · · · 105
생활상 · · · 53	손가락 하나 까닥하기 힘들다 · · · 23	야사 · · · 30
생활에 쫓기다 · · · 70	손꼽다 · · · 100	야식 · · · 100
서낭신 · · · 94	손에서 놓을 수가 없다 · · · 43	약재 · · · 63
서라벌 · · · 30	수록하다 · · · 55	양상 · · · 117
서론 · · · 39	수사 의문문 · · · 102	양식 · · · 116
서면 인터뷰 · · · 90	수호신 · · · 20	양심의 가책을 느끼다 · · · 70

어절 · · · 108	우선시 · · · 73	일상적 · · · 96
어종 · · · 78	우월감 · · · 104	일제 강점기 · · · 16
억새 · · · 82	운동 삼아 · · · 26	일컫다 · · · 128
얽히다 · · · 43	운영 · · · 47	입소문이 나다 · · · 79
엄밀히 · · · 18	울창하다 · · · 82	
업계 · · · 50	웅장하다 · · · 56	**ㅈ**
역대 · · · 16	원동력 · · · 117	자리 잡다 · · · 17
연구 결과 · · · 116	원자력 에너지 · · · 78	자연유산 · · · 42
연구 대상 · · · 116	원형 · · · 43	자연재해 · · · 68
연구 목적 · · · 116	웬만큼 알다 · · · 43	자취를 감추다 · · · 95
연구 방법 · · · 116	위계 · · · 116	자필 · · · 42
연구 배경 · · · 116	유구하다 · · · 17	잠을 실컷 자다 · · · 43
연꽃 · · · 45	유네스코 · · · 42	잡귀 · · · 104
연대기 표 · · · 19	유배지 · · · 110	장담을 못 하다 · · · 24
연대순 · · · 54	유전자 · · · 21	장독대 · · · 96
연산군 · · · 54	유쾌하다 · · · 57	장려하다 · · · 89
연초 · · · 107	유통 · · · 80	장비 · · · 57
연회 · · · 28	유학자 · · · 110	장승 · · · 115
열대 기후 · · · 68	유해하다 · · · 80	잦다 · · · 18
열대 우림 · · · 68	육지 · · · 52	재개발 · · · 24
열풍이 불다 · · · 128	음절 · · · 108	재력가 · · · 29
염원 · · · 56	의견이 분분하다 · · · 30	재물 · · · 104
엿보다 · · · 53	의의 · · · 63	재미 삼아 · · · 56
영조 · · · 54	이 정도는 약과다 · · · 17	재생 에너지 · · · 78
예찬하다 · · · 109	이산화탄소 · · · 71	재조명하다 · · · 18
오곡밥 · · · 98	이상 기후 현상 · · · 69	재테크 · · · 21
오우가 · · · 109	이어지다 · · · 56	저물다 · · · 83
오일장 · · · 52	이정표 · · · 115	저자 · · · 129
온대 기후 · · · 68	인과응보 · · · 103	저축하다 · · · 48
온실가스 · · · 71	인근 · · · 57	적대시 · · · 73
올레길 · · · 26	인재 · · · 99	전등사 · · · 52
완공하다 · · · 57	인조 · · · 56	전생 · · · 45
완치되다 · · · 101	일거양득 · · · 27	전자 · · · 30
왕릉 · · · 18	일등공신 · · · 29	점 · · · 106
왕위 · · · 25	일례로 · · · 70	점치다 · · · 128
왕조 · · · 31	일리가 있다 · · · 61	정관헌 · · · 28
외관 · · · 28	일명 · · · 30	정몽주 · · · 108
외래어 · · · 21	일목요연하다 · · · 56	정사 · · · 30

정설	30
정성을 다하다	95
정월 대보름	97
정조	55
정형시	108
정화시키다	70
제단	47
제스처	114
제작 기법	22
조롱박	104
조상신	94
조선	16
조선왕조실록	54
조성되다	53
조왕신	96
조형물	20
종묘	56
주관식	91
주도	63
주류	33
주를 이루다	108
주범	83
중시하다	117
쥐불놀이	98
즐비하다	17
지구 온난화	69
지목되다	83
지석묘	52
지원하다	89
지정되다	52
지침	47
지향하다	37
지형	30
집터	94
징조	107
짬이 나다	101

ㅊ

차도가 없다	101
차례	104
참고 문헌	39
참성단	52
찹쌀	107
찻집	49
채용하다	55
채찍질하다	31
천재	99
천재지변	77
철종	54
첨언	113
청계광장	18
청계천	18
청중	36
체	105
체계적	116
초래되다	102
추정되다	108
축소판	52
축조	56
출간되다	129
출중하다	49
출처	90
출출하다	29
충만하다	107
충성심	108
충신	108
측신	96
치솟다	102
친환경 발전	78
침출수	82

ㅋ

| 코앞이다 | 69 |

ㅌ

탁상공론	74
탄소 중립	77
탈바꿈시키다	27
탐방	32
태양열 에너지	79
태조 이성계	19
태종	25
태종 이방원	108
토속 신	94
통일 전망대	99
통합	29
특산품	52
팀원	38

ㅍ

파손	56
편찬되다	63
폐기물	82
폐단을 낳다	117
폐쇄형 질문	91
포괄적 질문	90
표하다	36
푼돈	24
풍력 발전	78
풍성	20
풍수	19
피라미드	42

ㅎ

하여가	108
하회마을	43
하회탈	44
학계	30
학력주의	117
학문	49
학술적	116

학창 시절	100	후하다	57
한대 기후	68	훈민정음	42
한몫하다	71	훼손하다	18
한반도	52	휘장	37
한성	18	휴식기	110
한양자	18	휴전	46
한자어	21	흉조	106
함축성	108	흡족하다	56
함흥차사	25	흥정	105
항목	46	힌트	54
항아리	96		
항암	105		
해설사	18		
해수면	69		
해치	20		
해파랑길	26		
행궁	56		
행정구역	16		
향유하다	109		
허다하다	55		
허술하다	102		
헛되다	51		
형상화하다	37		
호응	112		
혼수	23		
혼종어	21		
화룡점정	51		
화석 연료	78		
화전	106		
확충하다	89		
활력	37		
황금빛	82		
회복되다	82		
효심	56		
후대	21		
후원	51		
후유증	21		
후자	30		

문법 색인

ㄱ
- -기도 하려니와 ·· 49
- -기로서니 ·· 75

ㅇ
- -아/어서야 ·· 102
- -(으)ㄴ 바에야 ··· 50
- -(으)ㄴ들 ··· 74
- -(으)ㄹ 대로 ··· 23
- -(으)려야 -(으)ㄹ 수가 없다 ················ 48
- -(으)련만 ··· 101
- (으)로 미루어 (보아/보면) ··················· 22
- -(으)면서까지 ·· 24
- -(이)라면 ·· 100

ㅈ
- -자니 -자니 ··· 76

집필

김정훈
한양대학교 국제교육원 교수
한양대학교 교육공학과 박사

배소영
한양대학교 국제교육원 교수
한양대학교 국어교육학과 박사

강현주
한양대학교 국제교육원 교육전담교수
한양대학교 교육대학원 외국인을위한한국어교육 석사

한양 한국어 6-1

초판 1쇄 발행 2021년 11월 30일

지은이	한양대학교 국제교육원
펴낸이	박민우
기획팀	송인성, 김선명
편집팀	박우진, 김영주, 김정아, 최미라, 전혜련
관리팀	임선희, 정철호, 김성언, 권주련
펴낸곳	(주)도서출판 하우
주소	서울시 중랑구 망우로68길 48
전화	(02)922-7090
팩스	(02)922-7092
홈페이지	http://www.hawoo.co.kr
e-mail	hawoo@hawoo.co.kr
등록번호	475호

값 17,000원
ISBN 979-11-6748-023-1 14710
ISBN 979-11-6748-022-4 (set)

* 이 책의 저자와 (주)도서출판 하우는 모든 자료의 출처 및 저작권을 확인하고 정상적인 절차를 밟아 사용하였습니다.
  일부 누락된 부분이 있을 경우에는 이후 확인 과정을 거쳐 반영하겠습니다.

* 이 책은 저작권법에 따라 보호받는 저작물이므로 무단 전재와 무단 복제를 금지하며,
  이 책 내용의 전부 또는 일부를 이용하려면 반드시 저작권자와 (주)도서출판 하우의 서면 동의를 받아야 합니다.